Atención al cliente en hostelería. HOTR01

María Reinlein Ballesteros

ic editorial

Atención al cliente en hostelería. HOTR01
© María Reinlein Ballesteros

1ª Edición

© IC Editorial, 2025

Editado por: IC Editorial
c/ Cueva de Viera, 2, Local 3
Centro Negocios CADI
29200 Antequera (Málaga)
Teléfono: 952 70 60 04
Fax: 952 84 55 03
Correo electrónico: iceditorial@iceditorial.com
Internet: www.iceditorial.com

ISBN: 979-13-7027-086-5
Depósito Legal: MA 1819-2025

Impresión: PODiPrint
Impreso en Andalucía – España

Nota de la editorial: IC Editorial pertenece a Innovación y Cualificación S. L.

Especialidad formativa

Se entiende por especialidad formativa la agrupación de contenidos, competencias profesionales y especificaciones técnicas que responde a un conjunto de actividades de trabajo enmarcadas en una fase del proceso de producción y con funciones afines.

Las especialidades formativas de Uso General, Formación Complementaria, Formación Modular y las especialidades formativas dirigidas a la obtención de certificados de profesionalidad se incluyen en el Fichero de Especialidades del Servicio Público de Empleo Estatal para su gestión en todo el territorio nacional por cualquier Administración competente.

Las especialidades complementarias, pertenecen todas a la Familia profesional de Formación Complementaria (FCO) y tienen la consideración de formación transversal en áreas que se consideran prioritarias tanto en el marco de la Estrategia Europea para el Empleo y del Sistema Nacional de Empleo como en las directrices establecidas por la Unión Europea. Se consideran áreas prioritarias las relativas a tecnologías de la información y la comunicación, la prevención de riesgos laborales, la sensibilización en medio ambiente, la promoción de la igualdad, la orientación profesional y aquellas otras que se establezcan por la Administración competente.

Las especialidades de Certificado de profesionalidad tienen una duración especificada en su normativa reguladora.

En el resultado de la búsqueda, se muestran las unidades de competencia, todos los módulos formativos con su duración y las unidades formativas del certificado correspondiente, con su duración. Las horas del certificado, exclusivo de las especialidades de certificado de profesionalidad, con alta igual o superior a 2008, son las horas totales más las horas del módulo de Prácticas Profesionales no Laborales.

➲ **Si la especialidad tiene unidades formativas,** las horas totales, presencial, distancia, teleformación serán igual a la suma de esas horas de las unidades formativas de los distintos módulos, sin que se repita ninguna Unidad formativa.

○ **Si la especialidad no tiene unidades formativas,** las horas totales, presencial, distancia, teleformación serán igual a las sumas de esas horas de los módulos formativos, eliminando las horas de los módulos repetidos.

https://sede.sepe.gob.es/especialidadesformativas/RXBuscadorEFRED/BusquedaEspecialidades.do

(Fuente: Servicio Público de Empleo Estatal)

Índice

OBJETIVOS GENERALES

Los objetivos generales **HOTT01. Atención al cliente en hostelería,** son los siguientes:

- ➲ Atender a los clientes en el entorno de la hostelería, realizando una correcta recepción de los mismos mediante la aplicación de las técnicas de atención y comunicación según el tipo de cliente y el tipo de demanda de información o reclamación efectuada, así como gestionar los programas de fidelización y evaluación después de la realización del servicio.
- ➲ Aplicar las técnicas de comunicación, tanto verbal como no verbal, en la recepción del cliente, mostrando siempre una actitud positiva hacia sus peticiones y/o reclamaciones con el fin de proporcionar una atención adecuada y eficaz.
- ➲ Conocer las fases específicas que se dan en la atención al cliente en hostelería, identificando y teniendo en cuenta las distintas tipologías de clientes a los que tendremos que servir, detectando sus actitudes y comportamientos habituales con el fin de atenderlos adecuadamente, así como poner en funcionamiento programas de fidelización y evaluación tras el servicio.
- ➲ Identificar distintas situaciones en hostelería en las que habitualmente se formulan reclamaciones o en las que pueden aparecer conflictos con los clientes, y conocer pautas de resolución de dichas situaciones, así como la normativa existente de protección de los consumidores y usuarios.

Técnicas de atención al cliente en hostelería

Contenido

1. Introducción
2. Identificación de las habilidades verbales y no verbales en la atención al cliente en hostelería
3. Diferenciación de técnicas de comunicación con el cliente en hostelería
4. Aspectos a considerar en la eficaz atención al cliente en hostelería
5. Resumen

Objetivos

El objetivo general de esta Unidad de Aprendizaje es:

→ Aplicar las técnicas de comunicación, tanto verbal como no verbal, en la recepción del cliente, mostrando siempre una actitud positiva hacia sus peticiones y/o reclamaciones con el fin de proporcionar una atención adecuada y eficaz.

Los objetivos específicos de esta Unidad de Aprendizaje son:

→ Desarrollar la habilidad de comunicarse de manera eficiente con la clientela.

→ Aprender técnicas de comunicación efectivas en hostelería.

→ Hacer un uso correcto de lenguaje verbal y no verbal, así como saber interpretar el lenguaje de las personas.

→ Diseñar las líneas generales de un protocolo de atención al cliente en la sala.

→ Diseñar un protocolo de atención al cliente para atender las reservas del restaurante.

→ Contestar dudas y peticiones a los clientes por correo electrónico.

1. Introducción

La atención al cliente en hostelería representa una de las piedras angulares del éxito en el ámbito del ocio y el turismo. Este elemento no solo afecta a la experiencia inmediata que percibe el cliente, sino que también influye significativamente en la reputación y rentabilidad a largo plazo de cualquier establecimiento. En un sector donde la competencia es feroz y las expectativas de los clientes son elevadas, dominar y aplicar eficazmente las técnicas de atención al cliente no es solo una ventaja, sino también una necesidad imperativa.

Imagina llegar a un hotel después de un largo viaje y ser recibido por un personal que, desde el primer momento, demuestra empatía y comprensión, ofreciéndote exactamente lo que necesitas sin que tengas que pedirlo explícitamente. Este nivel de servicio transforma una simple transacción en una experiencia gratificante y memorable. No solo te hace sentir bien acogido, sino que también te deja con una impresión duradera que puede traducirse en recomendaciones y visitas repetidas.

La habilidad de comunicarse de manera eficiente con los clientes es vital. Las técnicas de comunicación efectivas en hostelería van más allá de las palabras dichas; incluyen la interpretación y uso correcto de señales no verbales, como el lenguaje corporal y la expresión facial, y el entendimiento de elementos paraverbales, como el tono y el ritmo de la voz. Cada uno de estos aspectos juega un papel crucial para garantizar que el cliente se sienta comprendido y valorado.

A lo largo de la unidad, nos basaremos en el caso del Hotel Mediterráneo, que acaba de abrir, y en Pedro, el encargado de supervisar la atención al cliente del restaurante y de la recepción. Este tiene que establecer varios protocolos para que la plantilla aprenda cómo dirigirse a la clientela a través del lenguaje oral, corporal y escrito.

2. Identificación de las habilidades verbales y no verbales en la atención al cliente en hostelería

👉 **HILO CONDUCTOR**

El primer reto que se le presenta a Pedro, el encargado de supervisar la atención al cliente, es establecer un protocolo de atención al cliente que toda la plantilla pueda seguir por igual, para evitar malentendidos con la clientela. Es importante que todos tengan el mismo nivel de formación, e implantar unos estándares de calidad específicos que destaquen sobre otros hoteles y que supongan una ventaja competitiva con respecto al resto de alojamientos de la zona. Lo primero que va a hacer Pedro es analizar determinadas habilidades verbales y no verbales; considera que dicho análisis será de ayuda para mejorar la atención al cliente.

En el ámbito de la hostelería, la atención al cliente es un aspecto crucial que determina no solo el éxito del negocio, sino también la satisfacción del cliente, su lealtad y las recomendaciones que puedan generarse. Comprender y aplicar adecuadamente las habilidades verbales y no verbales en el trato con los clientes es, por tanto, esencial para cualquier profesional del sector. Este apartado se enfocará en identificar estas habilidades y explorar cómo pueden ser utilizadas eficazmente para mejorar la interacción con los clientes y contribuir al logro de una experiencia de servicio excepcional.

2.1. Importancia de la comunicación en hostelería

La comunicación en hostelería va más allá de simplemente cumplir con los deseos y necesidades de los clientes. Es un componente vital que puede influir directamente en la percepción de la calidad del servicio. La **comunicación efectiva** crea una conexión emocional con el cliente, lo que puede generar una experiencia memorable y excepcional. Por lo tanto, invertir tiempo y recursos para mejorar las habilidades comunicativas del personal es siempre una inversión sabia.

Desde el momento en que un cliente ingresa a nuestras instalaciones, la percepción que tiene del establecimiento comienza a formarse a través de las interacciones con el personal. En este sentido, tanto las habilidades verbales como las no verbales juegan un papel crucial. Una comunicación impecable no solo apoya la identidad y reputación de la marca, sino que asegura que cada cliente se sienta valorado y entendido, estableciendo así una relación duradera.

 PARA SABER MÁS

En este artículo se explica por qué son tan importantes los primero 90 segundos de conexión con una persona y cómo pueden influir en su percepción sobre nuestra forma de ser. En este caso, al tratarse de un cliente, esta primera impresión sobre ti puede ser determinante a la hora de valorar su experiencia de forma negativa o positiva en el establecimiento. Accede desde aquí.

https://redirectoronline.com/hotr010101

2.2. Habilidades verbales

Las habilidades verbales son aquellas que se expresan a través del lenguaje hablado. En hostelería, la manera en que hablamos con los clientes puede influir significativamente en su experiencia y, por ende, en su satisfacción.

Estas habilidades no solo comprenden qué decimos, sino **cómo lo decimos,** involucrando aspectos como los siguientes:

⮑ **Tono de voz:** el tono de voz tiene un impacto profundo en cómo se percibe nuestra comunicación. Un tono amigable y acogedor puede hacer que los clientes se sientan cómodos y bienvenidos, mientras que un tono distante o brusco puede causar una impresión negativa. En la hostelería, donde el servicio al cliente es tan esencial, es imprescindible mantener siempre un tono que transmita calidez, profesionalismo y cortesía. Por ejemplo, cuando un cliente pide una recomendación sobre el menú, un tono de voz entusiasta y confiado al presentar los platos puede aumentar su interés y crear excitación por la comida que ofrece el restaurante.

- **Claridad:** la claridad verbal es crucial, especialmente en un entorno ajetreado como el de la hostelería, donde los errores de comunicación pueden ser costosos. Los empleados deben ser claros y directos, al tiempo que muestran respeto y empatía por las necesidades del cliente. Por ejemplo, si un cliente pregunta sobre los ingredientes de un plato debido a restricciones dietéticas, proporcionar información clara y concisa es fundamental para evitar confusiones y potenciales problemas de salud.
- **Cortesía y empatía:** la cortesía en el trato es fundamental en hostelería. Los términos de cortesía y las expresiones que muestran empatía, como "por favor", "gracias" y "¿cómo puedo ayudarle?", contribuyen a una experiencia positiva para el cliente. La empatía permite al personal conectarse emocionalmente con el cliente, mostrando comprensión y consideración. Por ejemplo, si un cliente está insatisfecho con su habitación, mostrar empatía y cortesía (diciendo, por ejemplo, "Lamento mucho que no esté satisfecho, permítanos corregir esta situación de inmediato") puede transformar una experiencia negativa en una positiva.
- **Escucha activa:** la escucha activa implica centrarse completamente en el cliente, lo que requiere atención plena y una respuesta reflexiva. Es una habilidad que permite entender con precisión las necesidades del cliente y brindar un servicio más personalizado. Por ejemplo, en una conversación con un cliente que está compartiendo una queja, es crucial no solo escuchar sus palabras, sino también demostrar que sus preocupaciones se entienden repitiendo o parafraseando sus comentarios y proponiendo soluciones adecuadas.

 **VÍDEO**

En este vídeo se dan algunas claves para entender la importancia del tono a la hora de expresarnos. Accede desde aquí para verlo.

https://redirectoronline.com/hotr010102

2.3. Habilidades no verbales

Las habilidades no verbales son igual de importantes que las verbales y comprenden todas las formas de comunicación que no utilizan la palabra hablada. Estas pueden incluir el lenguaje corporal, las expresiones faciales, el contacto visual, la distancia personal y las presentaciones personales. Estas señales juegan un papel significativo en cómo un cliente percibe al personal y, por ende, el servicio, y se transmiten a través de distintas acciones no verbales que la mayor parte de las veces realizamos de forma inconsciente. Estas acciones pueden mostrarse de diferentes formas:

- ➲ **Lenguaje corporal:** el lenguaje corporal puede comunicar una amplia gama de emociones y actitudes. Una postura abierta y una sonrisa amigable pueden crear una impresión positiva y hacer que los clientes se sientan bienvenidos, mientras que una postura cerrada o un semblante serio pueden transmitir inaccesibilidad o desinterés. Por ejemplo, mientras se brinda información a un huésped al registrarse en un hotel, mantener una postura erguida, mirando a los ojos y sonriendo, puede establecer un ambiente amistoso y acogedor.
- ➲ **Expresiones faciales:** las expresiones faciales son poderosos indicadores del estado emocional y cualquier discrepancia entre las expresiones faciales y el mensaje verbal puede llevar a malentendidos. En el sector de la hostelería, las expresiones faciales deben ser congruentes con el mensaje verbal para transmitir sinceridad y calidez. Por ejemplo, al compartir una noticia positiva, como una mejora de habitación gratuita, una expresión facial de entusiasmo y alegría reforzará el impacto positivo del mensaje.
- ➲ **Contacto visual:** el contacto visual es una forma poderosa de establecer una conexión y demostrar atención. En contextos donde la comunicación en persona es fundamental, como en restaurantes o hoteles, el contacto visual puede ser una herramienta eficaz para transmitir confianza y sinceridad. Por ejemplo, mientras se toma un pedido en un restaurante, establecer un contacto visual apropiado con el cliente reafirma que se le está prestando atención completa y que su pedido se está gestionando con cuidado.
- ➲ **Proximidad y espacio personal:** la proximidad en las interacciones personales puede influir en la experiencia del cliente. En general, respetar el espacio personal del cliente es vital para no causar incomodidad. Sin embargo, la distancia precisa puede variar según factores culturales. Por ejemplo, al interactuar con clientes provenientes de diferentes culturas, es importante ser consciente de sus normas sobre el espacio personal para asegurar interacciones cómodas y respetuosas.

ACTIVIDAD COMPLEMENTARIA

1. Visualiza este corto que te proponemos a continuación, donde se explica la importancia de la comunicación no verbal y se dan claves para reconocer el estado emocional de las personas a través de los gestos y posturas corporales. Realiza una pequeña investigación ayudándote de la red, sobre cuáles son las posturas, gestos y miradas correctas que debes reflejar cuando estás trabajando de cara al público. Con esta información y con la que has visualizado en los contenidos, redacta un texto donde expliques qué tipo de gestos y posturas deberás evitar exponer cuando atiendas a un cliente. Puedes acceder al corto desde aquí.

https://redirectoronline.com/hotr010103

2.4. Integración de habilidades verbales y no verbales

La integración eficaz de habilidades verbales y no verbales puede elevar el nivel de atención al cliente en hostelería. La coherencia entre lo que se dice y cómo se dice asegura una comunicación transparente y de confianza. Las discrepancias entre los mensajes verbales y no verbales pueden generar desconfianza y confusión.

Para fomentar una experiencia del cliente consistente, los profesionales de hostelería deben recibir una formación específica para que sean conscientes de cómo sus palabras y su lenguaje corporal pueden contradecirse en momentos determinados si no están integrados. Es decir, puede ocurrir que un miembro del equipo de sala se esté dirigiendo a un cliente con una educación insuperable, pero frunciendo el ceño, y sin darse cuenta esté mandando un mensaje contradictorio a ese cliente.

 **EJEMPLO**

A continuación, te mostramos varios ejemplos de formas de trato en situaciones comunes.

Recepción de clientes en el hotel

Un cliente llega al hotel y quiere registrarse, y encuentra a un recepcionista que inmediatamente establece contacto visual, le sonríe y le saluda con un "Bienvenido, ¿cómo puedo ayudarle hoy?". La postura del recepcionista es abierta y relajada, y hay una sensación de genuina hospitalidad en su tono de voz.

Tratamiento de quejas del cliente

Imaginemos un escenario en el que un cliente expresa su insatisfacción por el servicio de limpieza. Un miembro del personal, que ha sido capacitado en manejo de quejas, responde con empatía y con una postura tranquilizadora. "Lamentamos mucho escuchar esto, le prometemos que revisaremos la situación de inmediato", dice con un tono sincero, apoyado por un lenguaje corporal que demuestra apertura al diálogo y disposición para resolver el problema.

Presentación de platos en un restaurante

Al servir un plato a un cliente, el camarero no solo describe los ingredientes con claridad y pasión, sino que también lleva los paños limpios y un uniforme impecable, lo que refuerza la percepción de profesionalismo y atención al detalle.

TAREA 1

En la Costa Brava, la empresa Mediterráneo S. A. ha abierto un pequeño hotel. La dirección ha decidido poner un restaurante que, además de atender a la clientela que se aloja en el establecimiento, dé servicio a los posibles clientes que vengan de fuera. Teniendo en cuenta la ubicación del hotel, se espera que haya turistas nacionales e internacionales, y la empresa quiere que la atención al cliente por parte de la plantilla de todos los departamentos sea una ventaja competitiva con respecto a la competencia y suponga un valor añadido del negocio.

Continúa en página siguiente >>

<< Viene de página anterior

Para lograrlo, te han contratado para encargarte de la sala y para que te ocupes de supervisar, entre otras funciones, la atención al cliente por parte del personal. Cuando llegas, observas que, en la sala, cada persona saluda a su manera, recibe a la clientela sin seguir ningún patrón y no hay normas que establezcan una línea que represente los valores de la empresa. Te das cuenta de que la plantilla debe recibir una formación, pero, al estar abierto el restaurante, debes improvisar algo para que, de momento, la atención que reciban los comensales sea de calidad.

Para conseguir que todos sigan la misma línea al recibir a los clientes, debes establecer un pequeño protocolo improvisado que toda la plantilla debe seguir por igual, para que la comunicación verbal y no verbal transmita la imagen que busca la empresa y la clientela esté bien atendida y disfrute de la experiencia.

Para ello, puedes ayudarte con esta pequeña guía que te indicamos a continuación:

1. Saludo
2. Ofrecer ayuda dirigiéndote siempre a la persona con tratamiento de "usted".
3. Solicitar datos en caso de que sea una reserva.
4. Acompañarlos a la mesa y ayudarlos a instalarse.
5. Ofrecer aperitivos.
6. Dar cartas de comida y bebidas.
7. Ofrecer sugerencias del día.

2.5. Introducción al sector de la hostelería

Para conocer este sector, es importante saber el alcance que tiene a nivel económico, social y cultural, porque, además, es un sector que está en constante evolución, y esto es gracias a que las personas cada vez tienen más facilidades para moverse, tanto de unos países a otros como dentro de su misma ciudad o país. La innovación en la gastronomía, el intercambio cultural y las nuevas tecnologías en los establecimientos de alojamiento y de restauración hacen que los profesionales de la hostelería deban conocer a fondo la historia del sector para poder dar un servicio de calidad al cliente.

La hostelería es uno de los sectores económicos más dinámicos e influyentes a nivel mundial. Su impacto no solo se restringe a la generación de empleo y al crecimiento económico, sino que también se extiende a la vida social y cultural de las comunidades. Comprender el panorama general del sector es crucial para cualquier profesional dedicado a la atención al cliente en este ámbito, ya que proporciona una visión clara de su papel en el engranaje de la industria.

Las **características** que definen el sector de la hostelería son las siguientes:

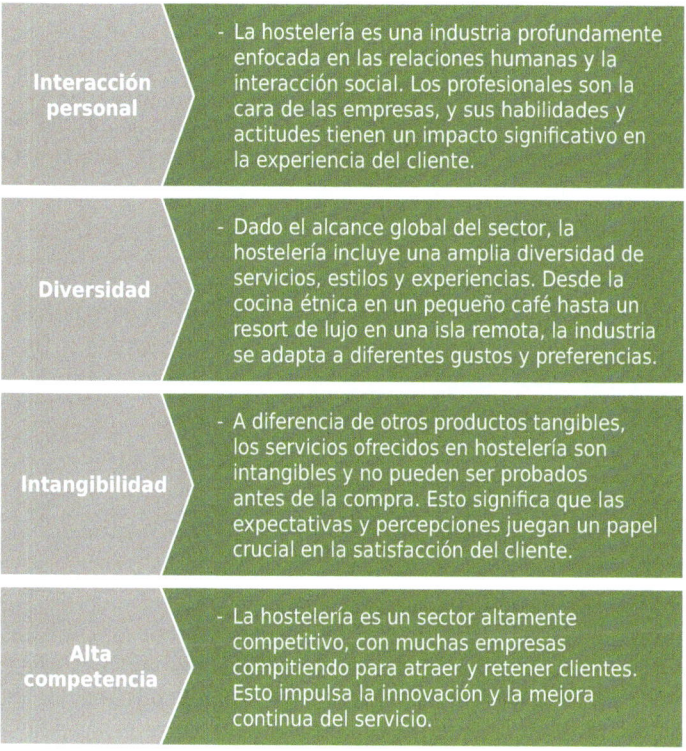

Historia y evolución de la hostelería

El sector de la hostelería tiene raíces que se remontan a la antigüedad. Las primeras formas de hospedaje se evidencian desde hace miles de años, cuando los comerciantes e intercambios culturales obligaron a ofrecer servicios de alojamiento en rutas comunes. Sin embargo, el sector tal como lo conocemos hoy comenzó a tomar forma durante la Edad Media, cuando los monasterios abrieron hospederías para peregrinos.

El progreso industrial del siglo XIX impulsó un cambio monumental en la hostelería. La urbanización y el desarrollo de los medios de transporte facilitaron los viajes, llevando a la proliferación de hoteles y restaurantes. En el siglo XX, el turismo de masas y el auge de la aviación comercial transformaron la industria, expandiendo su alcance a destinos anteriormente inaccesibles.

 SABÍAS QUE...

El primer hotel que se abrió en Madrid se llamaba La Posada del Peine, y su nombre se debe a que el establecimiento disponía de un peine para los huéspedes, que ataban a una cuerda para que estos no se lo llevaran.

En la Edad Moderna, las tecnologías emergentes y la globalización continúan modelando y redefiniendo la experiencia hostelera. Desde el uso de reservas en línea hasta la integración de inteligencia artificial para personalizar servicios, la evolución es constante.

 PARA SABER MÁS

En este interesante artículo comentan cómo muchos restaurantes ya emplean la inteligencia artificial para responder llamadas. Además de tomar nota de las reservas, resuelven cuestiones a los clientes, tales como: la dirección del establecimiento, si se necesita vestir de etiqueta o si hay sitio en la terraza. Accede desde aquí.

https://redirectoronline.com/hotr010104

Componentes principales del sector

Los servicios de alojamiento son el núcleo de la industria de la hostelería. Incluyen una amplia gama de opciones, como hoteles, moteles, hostales, alojamientos compartidos y plataformas de alquiler vacacional. Los tipos de alojamiento pueden variar enormemente en términos de tamaño, ubicación, tipo de comodidades y nivel de servicio. Algunos ejemplos incluyen:

Hoteles de lujo
- Ofrecen servicios sofisticados y personalizados, como conserjería, spa y servicio de habitaciones las 24 horas.

Posadas y *bed and breakfast*
- Brindan una experiencia más íntima y hogareña, generalmente en entornos tradicionales o históricos.

Albergues y hostales
- Son opciones económicas que suelen atraer a viajeros jóvenes, por su ambiente social y sus tarifas accesibles.

El subsector de alimentos y bebidas es fundamental en este sector, tanto económicamente como a la hora de complementar el servicio del alojamiento, sobre todo si los establecimientos se encuentran lejos de los núcleos urbanos. Por eso, todos los establecimientos hoteleros tienen, como mínimo, servicio de desayuno. Estos servicios han ido evolucionando e incluyen en su oferta gastronómica todo tipo de especialidades para abarcar todos los gustos de los clientes, que van desde un desayuno continental, hasta desayunos compartidos, *buffet, coffee break, brunch,* etc.

Alimentos y bebidas

Este subsector se ocupa de la producción y el servicio de comidas y bebidas. Abarca desde restaurantes de cinco estrellas hasta pequeños cafés y servicios de *catering*. La creciente tendencia hacia la gastronomía ha dado lugar a varios tipos de establecimientos:

Restaurantes con estrellas Michelín
- Reconocidos por su excepcional calidad culinaria.

Catering
- Los servicios de *catering* proporcionan comidas para eventos grandes y pequeños, incluyendo bodas, conferencias y banquetes empresariales.

Bares y *pubs*
- Espacios sociales para disfrutar de bebidas alcohólicas y tapas.

La oferta gastronómica de los establecimientos de alimentos y bebidas es una de las que más ha evolucionado en el sector de la hostelería, y todavía más dentro de los hoteles, pues es uno de los departamentos que más factura. En el caso de los hoteles urbanos, por ejemplo, las empresas incluyen en sus eventos todo tipo de servicios, como el *coffee break, los* menús de empresa, los *cocktails, finger food,* etc. Otros servicios que se dan en los salones son los de bodas y banquetes, formaciones, presentaciones, conferencias, jornadas especiales para todo tipo de clientes y todo tipo de eventos que siempre van acompañados de buenas ofertas gastronómicas.

Terraza de restaurante

Ocio y entretenimiento

El ocio y el entretenimiento incluyen actividades diseñadas para el disfrute y la recreación de los huéspedes. Los ejemplos contienen:

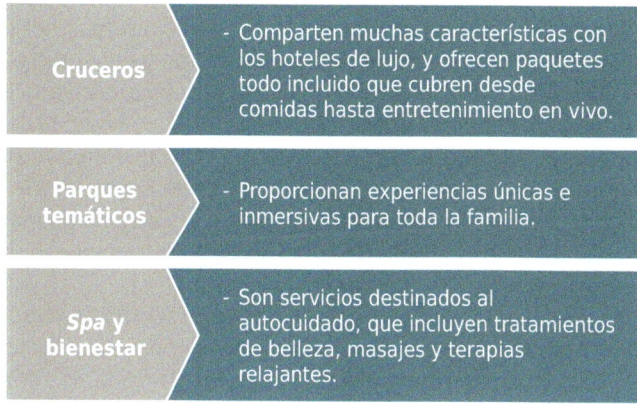

La importancia económica del sector de la hostelería

El sector de la hostelería desempeña un papel crucial en la economía global. La contribución económica de la hostelería puede medirse a través de varios indicadores, como la creación de empleo, el aporte al producto interno bruto (PIB) y el impacto indirecto en otras industrias. Algunos puntos clave incluyen:

- **Generación de empleo:** la hostelería es una de las mayores fuentes de empleo a nivel mundial. Ofrece trabajos tanto calificados como no calificados y proporciona oportunidades de crecimiento y desarrollo profesional. Es necesario prevenir y eliminar las situaciones que sean susceptibles de ser calificadas como acoso sexual, acoso por razón de sexo u otros actos discriminatorios definidos como tales.
- **Impulso del turismo:** la hostelería está interconectada con el turismo y, juntos, estos sectores son motores económicos esenciales en muchos países. El turismo impulsa la demanda de servicios de alojamiento, restauración y transporte.
- **Facilitador del comercio y de las relaciones internacionales:** los eventos internacionales, conferencias y convenciones empresariales generan ingresos para el sector hostelero y fomentan redes de negocio.

Factores que afectan al sector de la hostelería

Los distintos factores que afectan a la evolución y al desarrollo del sector de la hostelería son los siguientes:

- **Factores económicos:** las condiciones económicas generales influyen de manera significativa en la hostelería. Durante periodos de recesión, los consumidores tienden a reducir su gasto discrecional, lo cual impacta negativamente en los niveles de ocupación y consumo en restaurantes. En cambio, en tiempos de bonanza económica, aumenta la demanda de turismo de lujo y experiencias únicas.

- **Factores tecnológicos:** la tecnología ha transformado el sector hostelero, introduciendo nuevas formas de hacer negocio y de mejorar el servicio al cliente. Algunos ejemplos son los sistemas de reservas en línea, las plataformas de opiniones de usuarios o innovaciones como habitaciones inteligentes y asistentes virtuales.

- **Factores socioculturales:** las tendencias socioculturales, como el cambio de preferencias de los consumidores por experiencias auténticas o sostenibles, están llevando a las empresas hosteleras a adaptarse e innovar. Por ejemplo, la creciente preocupación por la salud ha impulsado la existencia de menús más saludables y la inclusión de opciones veganas.

- **Factores ambientales:** las preocupaciones ambientales están influyendo cada vez más en cómo operan los negocios hosteleros. El consumo sostenible, las prácticas que respeten el medioambiente y la conciencia sobre la huella de carbono están promoviendo el uso de energías renovables, el reciclaje y el abastecimiento local de insumos.

Actualmente, la sostenibilidad, la tecnología y la experiencia son los factores que más influyen en las personas a la hora de elegir un destino concreto. La elección de lugares donde la naturaleza es protagonista es tendencia. Las nuevas generaciones huyen de la masificación y el ruido, y optan por la tranquilidad y la desconexión.

 PARA SABER MÁS

Este artículo de *Hosteltur*, una de las publicaciones más interesantes del sector y con las últimas novedades, explica qué destinos son los favoritos para la temporada. Accede desde aquí para leerlo.

https://redirectoronline.com/hotr010105

2.6. Factores destacables en la atención al cliente en actividades de servicio de ocio y turismo

En la atención al cliente en actividades de ocio y turismo intervienen muchos factores, como por ejemplo **la localización del establecimiento.**

La clientela cambia dependiendo de la ubicación y el tipo de región, ciudad o país donde se desarrolle la actividad. No es lo mismo un cliente que va por negocios a una gran ciudad, y que se va a quedar 3 días, que una familia que se va de vacaciones a la costa. Como podrás imaginar, la atención al cliente que demandan el cliente de negocios y la familia es completamente distinta, entre otras cosas porque también sus expectativas son diferentes. La familia que va de vacaciones espera un trato agradable, familiar y relajado, y el cliente que va por negocios necesita a un profesional rápido, ágil y con muchos conocimientos del transporte de la zona, los locales de ocio, los eventos, etc.

Otro factor importante es la **procedencia del turista;** el hecho de que venga de un país de habla distinta requiere una atención al cliente u otra, por ejemplo. Si la persona turista va a un hotel de cinco estrellas, espera que le atiendan profesionales que sepan hablar inglés. Sin embargo, si es un cliente nacional, no requiere a un profesional con dos idiomas. También podrá influir que el establecimiento sea de una categoría inferior.

 SABÍAS QUE...

En 2024, estimamos que llegaron a nuestro país unos 94 millones de turistas extranjeros, unos 9 millones más que el año anterior (crecimiento del 10 % respecto a 2023), e incrementaron su gasto por encima de la inflación de servicios turísticos (el turista medio gastó 1.342 € en 2024, unos 245 € más por turista que en 2019).

Otros factores importantes, como el **conocimiento de los distintos perfiles de cliente** que se van a encontrar los profesionales de la atención al cliente en hostelería, pueden facilitar la comunicación y la gestión de quejas y resolución de conflictos. Desarrollar habilidades como la escucha activa y la empatía favorece la relación entre la plantilla y la clientela, y hace que el ambiente sea más fluido y relajado, que las necesidades sean mejor atendidas e, incluso, que se superen las expectativas, lo que influye directamente en los resultados. Es decir, si la experiencia de la clientela es satisfactoria, conseguimos, por un lado, su fidelización y, por otro, que con sus recomendaciones atraigan a muchos clientes potenciales.

Todos estos factores requieren un profesional de la atención al cliente preparado y formado en todos los sentidos, en cuanto a técnica se refiere y, también, en el desarrollo de habilidades, lo que le permitirá eliminar el mayor número de barreras posibles, y le dará al cliente un trato de excelencia que le hará sentirse atendido, disfrutar de una buena experiencia y, de paso, probablemente volver.

 IMPORTANTE

Para poder atender a clientes de diferentes culturas y distintas procedencias, debemos conocer todas las técnicas de comunicación y tipos de lenguaje, para dar un servicio de calidad. Aplicando estas técnicas puedes mejorar tu comunicación con la clientela, y hacer que mejore su experiencia a la vez que tú evolucionas en tu forma de expresarte y relacionarte en tu trabajo.

2.7. Comunicación verbal: mensajes facilitadores

Después de abordar los factores destacables en la atención al cliente en actividades de servicio de ocio y turismo, es fundamental centrarnos específicamente en cómo la comunicación verbal puede ser utilizada para facilitar un servicio excepcional. Los mensajes facilitadores son una herramienta poderosa que contribuye significativamente a la creación de una experiencia positiva para los clientes, aumentando así la satisfacción y fomentando la fidelización.

 DEFINICIÓN

Mensajes facilitadores
Son aquellos que, a través de la verbalización efectiva, ayudan a suavizar el proceso de interacción con el cliente. Estos mensajes no solo tienen que ver con lo que se dice, sino con cómo se dice. Implican escuchar activamente, empatizar y responder de manera adecuada a las necesidades y emociones del cliente.

La comunicación facilitadora es una habilidad esencial para cualquier profesional de la hostelería, ya que la forma en que se gestiona la interacción inicial y la subsecuente puede determinar el tono de toda la experiencia del cliente.

Esta habilidad implica tener en cuenta los siguientes aspectos:

- **La importancia de la escucha activa:** la escucha activa es un componente esencial de los mensajes facilitadores. Consiste en prestar total atención a lo que el cliente está diciendo, en captar tanto el mensaje verbal como los matices emocionales que este pueda contener. Una escucha activa efectiva permite entender no solo las palabras, sino también el contexto y el trasfondo, lo cual es clave a la hora de proporcionar un servicio personalizado y adecuado. Por ejemplo, si un cliente menciona que está celebrando un aniversario, el personal de hostelería puede utilizar esta información para ofrecer una experiencia más personalizada, como un brindis de cortesía o una mejora en el servicio, haciendo que el cliente se sienta valorado y respetado. Este tipo de interacciones a menudo conducen a una mejora significativa en la percepción del cliente sobre la calidad del servicio.

- **Uso del lenguaje positivo:** el lenguaje positivo favorece un entorno amable y acogedor, y ayuda a desarmar posibles tensiones. Un profesional de hostelería bien entrenado sabe que frases como "Con gusto le ayudo con esto" o "Permítame buscar la mejor solución para usted" predisponen al cliente a una actitud más colaborativa y abierta. Por ejemplo, un cliente manifiesta un descontento por un plato específico. En lugar de responder a la defensiva, el personal debe utilizar un lenguaje positivo: "Lamentamos que la comida no haya sido de su agrado. Permítame ofrecerle otra opción de nuestro menú que pueda ser más de su gusto". Este enfoque no solo resuelve el problema inmediato, sino que también fortalece la relación cliente-proveedor.

- **Empatía y sus múltiples facetas:** la capacidad de ponerse en el lugar del cliente y ver la situación desde su perspectiva permite que la interacción sea más humana y significativa. La empatía en la comunicación ayuda a crear un vínculo emocional entre el cliente y el proveedor de servicios, lo que a menudo resulta en una experiencia más satisfactoria para ambas partes. Por ejemplo, en situaciones donde el cliente expresa frustración por una reserva perdida o por retrasos en el servicio, es crucial que el personal muestre comprensión y se disculpe sinceramente por la situación. Frases como "Entiendo cómo se siente y estoy aquí para asegurarme de que recibirá el mejor servicio posible" pueden cambiar inmediatamente el tono de la interacción a mejor.

- **Claridad y precisión en la comunicación:** la claridad es un componente crucial de los mensajes facilitadores en la hostelería. Los clientes deben recibir información precisa y comprensible desde la primera interacción. Una comunicación clara minimiza los malentendidos y las expectativas equivocadas, proporcionando al cliente una experiencia más fluida y predecible. Por ejemplo, al ofrecer detalles sobre un menú o servicios adicionales, es esencial que la información proporcionada sea precisa y fácilmente comprensible. Si un cliente pregunta sobre las opciones vegetarianas disponibles, el personal debe estar capacitado para comunicar claramente las opciones y sus detalles, evitando ambigüedades que puedan llevar a confusiones o descontentos.

- **Adaptabilidad y flexibilidad en el discurso:** el sector de la hostelería involucra interacciones con una amplia gama de personas de diferentes antecedentes culturales y preferencias individuales. Los mensajes facilitadores son más efectivos cuando son adaptativos y flexibles, es decir, cuando se ajustan al cliente específico que está interactuando en ese momento. Por ejemplo, un cliente que muestra un lenguaje corporal relajado y amigable puede responder mejor a un tono de conversación más casual y directo, mientras que un cliente que parece más formal puede apreciar un enfoque más serio.

- **El poder de la repetición y la confirmación:** repetir y confirmar información puede ser una estrategia valiosa en la comunicación facilitadora. Este tipo de interacción asegura que el cliente y el personal están en sintonía y que no habrá malentendidos. Al confirmar detalles con el cliente, se refuerza la transparencia y la confianza en la comunicación. Por ejemplo, si un cliente solicita una reserva para una fecha específica y ciertos servicios adicionales, repetir la información ("Para confirmar, ha reservado una mesa para el 23 de noviembre a las 19:00, con un menú especial vegetariano") no solo mejora la precisión, sino que también muestra atención al detalle.

- **Manejo de conflictos a través de mensajes facilitadores:** los mensajes facilitadores son también esenciales en situaciones de conflicto o insatisfacción del cliente. La habilidad para desarmar una situación tensa con comunicación efectiva puede ser la diferencia entre un cliente perdido y un cliente fidelizado. Mantener la calma, escuchar atentamente el problema, y responder con empatía y soluciones prácticas son pasos esenciales en este proceso. Por ejemplo, si un cliente está insatisfecho debido a una espera prolongada, una respuesta efectiva podría incluir el reconocimiento del problema como, por ejemplo, "Entiendo que ha sido una espera más larga de lo esperado. Estamos trabajando para solucionar la situación y, mientras tanto, nos gustaría ofrecerle una bebida de cortesía". Esta respuesta no solo aborda el problema, sino que también proporciona una medida de compensación.

La información precisa y fácil de entender permite que los clientes puedan elegir qué van a comer.

 ACTIVIDAD COMPLEMENTARIA

2. Para poder atender debidamente a la clientela, es fundamental conocer los distintos tipos de clientes que nos podemos encontrar y, de esta forma, adaptar la comunicación según sus características. Teniendo en cuenta esto, elabora un texto donde indiques cuál es la forma más adecuada de tratar con los 4 tipos de perfiles de clientes que te proponemos a continuación:

· Cliente enfadado
· Cliente nervioso
· Cliente indeciso
· Cliente silencioso

Con ayuda de internet, encuentra las claves que te van a ayudar a comunicarte mejor con estos clientes y a evitar malentendidos.

Formación y desarrollo del personal en comunicación facilitadora

Por último, pero no menos importante, debemos hablar de la necesidad de la formación continua del personal en habilidades de comunicación facilitadora. A medida que las expectativas de los clientes evolucionan, también deben hacerlo las técnicas y enfoques de comunicación del personal de hostelería. Programas de capacitación regulares que incluyan *role-playing* y *feedback* constructivo ayudan a los empleados a afinar y mantener sus habilidades de comunicación efectiva.

El desarrollo profesional en esta área puede incluir talleres sobre empatía en el servicio al cliente, sesiones de práctica de escucha activa y entrenamiento en manejo de conflictos. Dichas intervenciones no solo mejoran las capacidades individuales de los empleados, sino que también elevan el estándar general de servicio dentro de la organización.

En la atención al cliente, el feedback de los clientes ayuda al entorno de la hostelería a mejorar su servicio.

2.8. Comunicación no verbal: kinésica, proxémica, icónica

Los distintos tipos de comunicación que explicamos en este apartado te ayudarán a entender mejor cuál es la que utilizas dependiendo del momento y del cliente, puesto que no toda la comunicación es verbal, y con nuestro cuerpo decimos muchas cosas, como ya hemos observado en otros apartados. La mirada, los gestos y los movimientos con los brazos pueden transmitir emociones positivas o negativas, y hay que saber distinguirlas.

Kinésica

La kinésica, o comunicación a través del movimiento corporal, abarca aspectos como:

- ⮑ **Lenguaje corporal y postural:** la posición de nuestro cuerpo puede comunicar una amplia gama de mensajes. En un entorno de hostelería, el personal debe mantener una postura abierta y receptiva. Por ejemplo, los brazos cruzados pueden interpretarse como una actitud defensiva o desinteresada, mientras que una postura erguida con los brazos relajados a los lados transmite confianza y disponibilidad. Un ejemplo positivo es el de un recepcionista que permanece de pie con una ligera inclinación hacia el cliente, lo que sugiere interés y disposición para ayudar.

⮞ **Gestos:** los gestos complementan o enfatizan la comunicación verbal. En hostelería, gestos simples como señalar el camino hacia un área o levantar un dedo para indicar "un momento" pueden mejorar la claridad del mensaje. Sin embargo, es importante ser consciente de los diferentes significados que los gestos pueden tener en distintas culturas para evitar malentendidos. Por ejemplo, el gesto del pulgar hacia arriba se considera positivo en varias culturas, pero ofensivo en otras.

⮞ **Expresiones faciales:** el rostro es uno de los principales canales de expresión emocional. Sonreír es uno de los gestos más universales en la atención al cliente, ya que proyecta amabilidad y accesibilidad. Una sonrisa genuina, que incluye el movimiento de los músculos alrededor de los ojos, puede mejorar significativamente la experiencia del cliente. Resulta especialmente valioso durante el primer contacto, como en la recepción de un hotel o al atender a un cliente en un restaurante.

⮞ **Contacto visual:** mantener un contacto visual adecuado demuestra atención y cortesía. En la atención al cliente, un contacto visual firme y respetuoso puede generar confianza y hacer que el cliente se sienta valorado. Sin embargo, es importante encontrar un equilibrio, ya que un contacto visual demasiado prolongado puede resultar incómodo o desafiante.

 **DEFINICIÓN**

Comunicación kinésica

La comunicación kinésica, o comunicación a través del movimiento corporal, abarca aspectos como el lenguaje corporal, los gestos, el contacto visual y las expresiones faciales.

- -

Proxémica

La comunicación proxémica se refiere al uso y percepción del espacio personal y social en entornos de interacción. En la hostelería, gestionar adecuadamente el espacio puede influir significativamente en la satisfacción del cliente. A continuación, puedes ver los tipos de espacios y ambientes que influyen en la comunicación con el cliente:

- **Distancias interpersonales:** conocer las distancias adecuadas durante una interacción es crucial para garantizar el confort del cliente. Por ejemplo, el espacio personal (aproximadamente, de 45 cm a 120 cm) es adecuado para interacciones amistosas, como la bienvenida o la atención en una mesa de restaurante. Invadir zonas más íntimas puede generar incomodidad, mientras que mantener una distancia excesiva puede ser interpretado como falta de interés.
- **Espacios comunes:** la organización del espacio en un establecimiento de hostelería, como la distribución de mesas en un restaurante o el diseño del vestíbulo de un hotel, afecta la percepción del cliente. Amplios pasillos y áreas delimitadas claramente ofrecen comodidad y privacidad. Asimismo, la colocación de barreras visuales o elementos decorativos puede dirigir el flujo de personas y reducir la sensación de aglomeración.
- **Ambiente físico:** el entorno también comunica y afecta a la experiencia del cliente. Factores como la iluminación, la temperatura, el color o la música de fondo contribuyen a crear un ambiente acogedor o dinámico, según el efecto deseado. Un restaurante de alta categoría, por ejemplo, puede optar por una iluminación tenue y música suave para fomentar una experiencia de comedor exclusiva y relajante.

 PARA SABER MÁS

En este enlace que proponemos a continuación, puedes leer un artículo muy interesante sobre la comunicación no verbal en la sala, donde se explica lo que transmitimos de cara al cliente con la posición de las manos, los pies o los brazos, y que te puede orientar sobre las posturas correctas que debes adoptar mientras trabajas. Accede desde aquí para verlo.

https://redirectoronline.com/hotr010106

Icónica

La comunicación icónica en hostelería abarca el uso de símbolos, signos e imágenes para comunicar mensajes de forma rápida y efectiva. Hay factores, como la apariencia, y tipos de comunicación, como la kinésica y proxémica, que si se combinan transmiten unas emociones u otras. Te lo explicamos a continuación:

- **Señalización:** los símbolos y señales son herramientas esenciales para guiar a los clientes dentro de un establecimiento. Una adecuada señalización puede facilitar la orientación (puede, por ejemplo, indicar la ubicación de los baños o el acceso a áreas específicas). El uso de iconos universales, como los de "baño hombre/mujer" o los letreros de "no fumar", son ejemplos eficaces de comunicación icónica.
- **Uniformes y apariencia:** los uniformes empleados por el personal actúan como un icono que contribuye a la identidad visual del establecimiento y transmite profesionalismo. Además, mediante su estilo y su color, se puede comunicar el tono del servicio. Por ejemplo, un restaurante familiar puede optar por uniformes más informales y coloridos, mientras que un hotel de lujo probablemente elija una vestimenta más formal y neutra.
- **Materiales impresos y digitales:** cartas de menú, folletos informativos, aplicaciones móviles y sitios web son otros soportes que utilizan elementos icónicos. Diseñar menús con símbolos que indiquen platos vegetarianos o libres de gluten, por ejemplo, ayuda a los clientes a tomar decisiones informadas rápidamente.
- **Integración de los elementos de comunicación no verbal:** para lograr un nivel superior de atención al cliente, es fundamental que los profesionales de la hostelería integren de manera coherente y consciente los elementos kinésicos, proxémicos e icónicos en su comunicación diaria. Esto no solo facilita una interacción más fluida y satisfactoria con los clientes, sino que también potencia la capacidad de anticipar y resolver problemas antes de que estos surjan.
- **Kinésica y proxémica combinadas:** una interacción en la que hay coherencia entre las señales kinésicas y proxémicas incrementa el impacto positivo. Por ejemplo, cuando un camarero acorta ligeramente la distancia personal con un cliente para atenderlo —inclinándose levemente hacia adelante y mostrando una postura receptiva—, está maximizando la percepción de interés y amabilidad.
- **Icónica y kinésica:** el uso coordinado de elementos icónicos con gestos puede mejorar significativamente la claridad del mensaje. Por ejemplo, al señalar un icono en un menú que indica un plato vegano mientras se explica su composición al cliente, se refuerza el entendimiento de la información proporcionada.

⊃ **Proxémica** e icónica: ajustes sutiles en la disposición de espacios físicos y el uso estratégicamente planificado de elementos icónicos pueden contribuir a optimizar el flujo de clientes dentro de un establecimiento. Un ejemplo podría ser la colocación de señales icónicas que dirijan a los huéspedes hacia áreas específicas en el vestíbulo del hotel, junto a una reconfiguración del mobiliario para crear rutas de tránsito cómodas y directas.

 **APLICACIÓN PRÁCTICA**

En el Hotel Mediterráneo están en temporada alta y, a menudo, se forma cola en el mostrador a la hora de hacer el *check-in.* Pedro acaba de empezar el turno y ve que hay mucha gente esperando y no quiere que ningún cliente se sienta desentendido. Para evitar este malestar, mientras registra los documentos del cliente que está atendiendo, mira a las personas que están detrás, sonríe y asiente con la cabeza. ¿Qué tipo de comunicación no verbal está utilizando el recepcionista?

Solución

El tipo de comunicación no verbal que está utilizando es la kinésica, o comunicación a través del movimiento corporal; esta abarca aspectos como el lenguaje corporal, los gestos, el contacto visual y las expresiones faciales.

2.9. Comunicación paraverbal

Cuando nos comunicamos con una persona verbalmente, la modulación de la voz y el énfasis que podemos en algunas palabras, o la rapidez con la que hablamos, pueden hacer que nos entiendan mejor. Si hablamos deprisa sin hacer pausas y siempre con el mismo tono de voz es probable que haya malentendidos o que, simplemente, no nos entiendan. En un mostrador donde hay mucha gente deberemos tener un tono y un volumen distintos al de una recepción, que suele tener más silencio que un bar. Cuando entablamos una conversación o estamos dando información, hemos de tener en cuenta los siguientes aspectos:

Modulación de la voz	- Cambiar el tono y el volumen en partes específicas del mensaje puede enfatizar el significado y mantener el interés del oyente.
Pausas efectivas	- La inserción de pausas breves durante una conversación permite al cliente procesar la información proporcionada; sorprendentemente, puede también enfocar la atención hacia una afirmación clave.

2.10. Comunicación escrita

Para conocer la importancia de la comunicación escrita, es necesario tener en cuenta los distintos estilos que se utilizan para la comunicación, que siempre van a depender del momento y del tipo de cliente y, por supuesto, del idioma. También influye si el cliente es una persona mayor que dirige una empresa, o un cliente joven que viene de vacaciones; incluso en un correo nos dirigimos de forma diferente a un tipo de cliente u otro.

La comunicación escrita en la hostelería incluye correos electrónicos, mensajes de texto y notas de agradecimiento, entre otros. La habilidad para comunicar de manera efectiva en formato escrito es necesaria para mantener registros y retroalimentación formales. Los elementos que influyen en una correcta comunicación escrita son:

- **Claridad y precisión:** al igual que ocurre verbalmente, el mensaje escrito debe ser claro y directo. Es aconsejable evitar el uso de frases largas y complicadas que puedan llevar a una interpretación incorrecta.
- **Corrección gramatical y ortográfica:** esto refleja profesionalismo y atención al detalle, elementos cruciales para mantener la credibilidad y la seriedad en el sector hotelero.
- **Estilo adecuado:** el tono debe adaptarse según el contexto; un correo formal sobre una queja requiere un estilo diferente al de un agradecimiento por una reserva.

2.11. Comunicación intercultural

Para saber comunicarse con todo tipo de público, hay que desarrollar determinadas habilidades para poder atender a todas las personas por igual.

Para ello, hay que tener determinados conocimientos y cierta sensibilidad y, de esta forma, comprender las necesidades de todos los clientes.

La hostelería es un campo en el que la comunicación intercultural es particularmente importante debido al contacto con clientes de diversas culturas y antecedentes. Entender y respetar las diferencias culturales es esencial, por ello hay que tener en cuenta los siguientes aspectos:

- **El conocimiento cultural:** conocer las normas, tradiciones y expectativas culturales provee un contexto valioso para la interacción con clientes internacionales.
- **La sensibilidad cultural:** evitar estereotipos y demostrar respeto hacia todas las culturas asegura un nivel de servicio que se percibe como inclusivo y acogedor para todos los clientes.
- **La adaptación de mensajes:** ajustar los mensajes verbales y no verbales para considerar las diferencias culturales puede mejorar considerablemente la interacción.

2.12. Retroalimentación y resolución de conflictos

Conocer las necesidades de los clientes pasa por tener la habilidad de escuchar y de aportar soluciones desde la empatía. Te ofrecemos algunas claves para que veas el proceso que debes seguir en caso de que se te presente una incidencia con algún cliente y conseguir que no llegue a ser una queja, y mucho menos una reclamación:

Escucha activa
- Escuchar las preocupaciones del cliente atentamente, sin interrumpir, y mostrando empatía hacia su situación para generar confianza y comprensión.

Soluciones constructivas
- Proveer soluciones viables lo más rápido posible y comunicar claramente los pasos a seguir presenta una imagen de profesionalismo y deseo de solución.

Seguimiento
- Importante para demostrar que la situación ha sido tomada en serio, mostrando interés continuo por el bienestar del cliente.

3. Diferenciación de técnicas de comunicación con el cliente en hostelería

☞ HILO CONDUCTOR

En el Hotel Mediterráneo, Pedro sigue avanzando con la comunicación para mejorar la atención al cliente. Para facilitar que el equipo lo entienda, debe explicar el recorrido que tiene un mensaje, es decir, que todos los miembros de la plantilla entiendan la diferencia entre el emisor del mensaje, el receptor y los distintos canales que se usan para enviar esos mensajes, así como el código que van a utilizar, que puede ser un idioma diferente o, simplemente, una forma de hablar más familiar o seria en función del receptor.

En el mundo de la hostelería, una comunicación efectiva es fundamental para proporcionar una excelente atención al cliente. Comprender los elementos básicos de la comunicación ayuda a garantizar que los mensajes se trasmitan de manera clara y precisa, mejorando la interacción cliente-personal y optimizando la experiencia del visitante. A continuación, exploraremos cada uno de los componentes clave en el proceso comunicativo.

3.1. Elementos de la comunicación: emisor, mensaje, receptor, canal y código

Para conocer los elementos que componen la comunicación necesitamos distinguir los componentes del mensaje, es decir, quién lo envía, los datos que queremos transmitir, quién recibe el mensaje, el canal que utilizamos (hablado o escrito) y el código, que se refiere al idioma o a los signos que utilizamos cuando nos comunicamos (si estamos en una recepción utilizamos el lenguaje oral y escrito, y si estamos en una barra utilizaremos más el lenguaje oral, y en los dos transmitimos un mensaje).

La ruta que lleva el mensaje y lo que significa el canal y el código que aplicamos cuando enviamos dicho mensaje son:

● **Emisor:** el emisor es el origen del proceso comunicativo. Se trata de la persona que genera y envía el mensaje, y es el responsable de seleccionar las palabras y el tono adecuados que serán utilizados para transmitir la información. En hostelería, el emisor frecuentemente refiere a un miembro del personal, como un recepcionista o un miembro del equipo de servicio al cliente, que interactúa directamente con los huéspedes. Por ejemplo, un camarero que informa a un cliente sobre las especiales del día está actuando como emisor. El éxito de esta comunicación dependerá de la capacidad del camarero de expresar esta información de manera atractiva y comprensible.

⊃ **Mensaje:** el mensaje es el contenido de la comunicación; es la información, pensamiento o sentimiento que el emisor desea transmitir al receptor. Este puede ser verbal o no verbal. En hostelería, los mensajes pueden variar desde información práctica, como el horario de los servicios, hasta mensajes de bienvenida que resalten la hospitalidad del lugar. Por ejemplo, cuando un huésped pregunte por el horario del desayuno, el mensaje del camarero debe ser claro, y debe mencionar específicamente las horas durante las que se sirve el desayuno. Esto evitará malentendidos y mejorará la satisfacción del cliente.

⊃ **Receptor:** el receptor es el individuo o grupo al cual se dirige el mensaje. Es la persona que interpreta y comprende la información enviada por el emisor. En el contexto de la hostelería, el receptor a menudo es el cliente que requiere información o asistencia. Es crucial que el personal se asegure de que los receptores han comprendido correctamente el mensaje. Por ejemplo, un huésped que solicita las instrucciones para operar un dispositivo de la habitación actúa como receptor. El personal deberá comprobar que el receptor entiende las indicaciones proporcionadas para garantizar la eficacia del servicio.

⊃ **Canal:** el canal es el medio a través del cual se envía el mensaje del emisor al receptor. En hostelería, existen múltiples canales de comunicación, incluyendo verbal (cara a cara, teléfono), no verbal (gestos, expresiones faciales) y escrito (correos electrónicos, folletos informativos). La elección adecuada del canal dependerá del contexto de la comunicación y del tipo de mensaje que se desea enviar. Por ejemplo, para confirmar una reserva, un correo electrónico puede ser el canal más efectivo, ya que permite a ambas partes tener un registro de la comunicación. Sin embargo, si un cliente presenta una queja urgente, la comunicación cara a cara o por teléfono puede ser más efectiva para una respuesta rápida.

⊃ **Código:** el código es el sistema de signos utilizados para formar el mensaje, y varía dependiendo del tipo de comunicación; puede incluir el idioma verbal usado y/o signos no verbales. En el ámbito de la hostelería, es vital que el código sea apropiado para el receptor; el personal debe ser capaz de ajustar el lenguaje y los signos no verbales para que se adecuen a las necesidades y expectativas del cliente. Por ejemplo, si se atiende a un cliente internacional que no habla el idioma local, el personal debe estar preparado para utilizar un idioma de dominio común, como el inglés, o valerse de guías visuales para comunicar eficientemente las indicaciones o solicitudes.

Esquema de los elementos de la comunicación

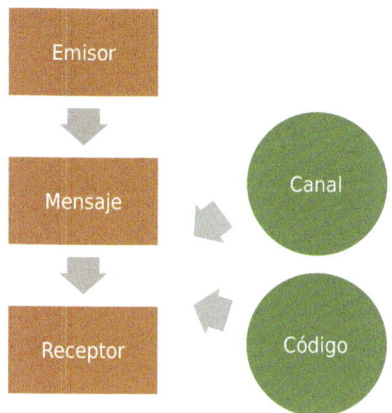

Interacción de los elementos en la comunicación efectiva

La interacción y el correcto funcionamiento de elementos como el canal o el código son esenciales para un diálogo constructivo y efectivo, especialmente en ambientes de servicio donde la experiencia del cliente es prioritaria. Una interrupción o malinterpretación en cualquiera de estos elementos puede resultar en un cliente insatisfecho. Por ejemplo, si el canal elegido no es el adecuado para el tipo de mensaje (como citar una normativa extensa verbalmente en lugar de por escrito), el mensaje podría no transmitirse eficazmente.

Además, es vital tener presente que la comunicación es un **proceso dinámico y bidireccional.** Tanto el emisor como el receptor juegan un rol activo durante el intercambio comunicativo. Después de enviar el mensaje, el emisor debe estar atento a la retroalimentación del receptor para ajustar su estrategia comunicativa en caso de ser necesario. La retroalimentación incluye cualquier respuesta del receptor que pueda indicar si el mensaje fue entendido claramente o si se requiere una aclaración.

 **VÍDEO**

En este vídeo puedes ver un breve resumen de los elementos de la comunicación, y se explican, además, los factores que pueden influir en el mensaje. Accede desde aquí para verlo.

Continúa en página siguiente >>

<< Viene de página anterior

https://redirectoronline.com/hotr010107

3.2. Barreras de la comunicación: semánticas o lingüísticas, psicológicas y actitudinales, fisiológicas y otras barreras

La atención al cliente en el ámbito de la hostelería no solo requiere de un servicio competente y de calidad, sino también de una comunicación efectiva. La interacción entre el personal de hostelería y los clientes constituye una parte esencial de la experiencia global del cliente. Sin embargo, esta comunicación puede verse obstaculizada por diversas barreras que impiden el flujo de información y pueden llevar a malentendidos y a un servicio deficiente. En este capítulo, exploramos las diferentes barreras de la comunicación, como aquellas semánticas o lingüísticas, psicológicas y actitudinales, fisiológicas y otras, y cómo afectan a la interacción en el sector hostelero.

Barreras semánticas o lingüísticas

Las barreras semánticas o lingüísticas son las causadas por el uso inadecuado del lenguaje, por diferencias en el idioma o por uso de terminología demasiado técnica o específica. En hostelería, uno de los principales problemas es la diversidad lingüística de los clientes, que pueden hablar diferentes idiomas o tener diferentes interpretaciones de ciertas palabras. Esto puede causar malentendidos significativos en la comunicación si no se maneja correctamente.

Para superar estas barreras, es fundamental que el personal de hostelería reciba formación en habilidades interpersonales, incluyendo el aprendizaje básico de frases en otros idiomas relevantes para su público objetivo. Además, el uso de menús bilingües o gráficos, o aplicaciones móviles de traducción, puede facilitar la comunicación.

 **EJEMPLO**

Si un camarero utiliza un término técnico de cocina con un cliente que no está familiarizado con él, el cliente puede no entender completamente el plato que se le está describiendo. Del mismo modo, un cliente extranjero que no domina completamente el idioma local puede tener dificultades para expresar sus necesidades o para entender la información proporcionada por el personal.

Barreras psicológicas y actitudinales

Las barreras psicológicas y actitudinales surgen de las actitudes, prejuicios o preocupaciones internas tanto del emisor como del receptor de la comunicación. En hostelería, estas barreras pueden manifestarse de diversas maneras.

 **EJEMPLO**

Un cliente que ha tenido malas experiencias anteriores puede acercarse a la comunicación con desconfianza o escepticismo, percibiendo el mensaje de manera negativa.

Asimismo, factores como el estado emocional del personal o del cliente en un momento dado pueden influir significativamente en la efectividad de la comunicación. Un cliente que está enfadado por un retraso en el servicio, por ejemplo, puede reaccionar de manera más hostil a las explicaciones del personal.

Para mitigar estas barreras, es importante que el personal de hostelería desarrolle **habilidades de empatía y escucha activa, así como técnicas de manejo de conflictos.** Una actitud positiva, paciencia y la disposición a escuchar atentamente al cliente son claves para resolver cualquier malentendido originado por estas barreras.

Barreras fisiológicas

Las barreras fisiológicas están relacionadas con las limitaciones físicas o de salud tanto del emisor como del receptor de la comunicación. En el contexto de la hostelería, estas barreras pueden incluir dificultades auditivas, problemas de visión o cualquier condición física que impida al cliente o al personal recibir o transmitir mensajes de manera efectiva.

 **EJEMPLO**

Un cliente con problemas auditivos, por ejemplo, puede no escuchar completamente las explicaciones dadas por el personal sobre la composición de un plato o bebida, mientras que un miembro del personal con problemas visuales podría no ver adecuadamente la señalización o gestos del cliente.

Para abordar estas barreras, el establecimiento puede disponer de herramientas de asistencia, como notas escritas, menús en formato braille o dispositivos de amplificación. El personal también debe estar capacitado para ser sensible a estas necesidades especiales y adaptar su estilo de comunicación en consecuencia.

Otras barreras

Además de las barreras anteriormente discutidas, existen otras que pueden afectar la comunicación en hostelería. Entre ellas están las siguientes:

- **Barreras ambientales:** las barreras ambientales se refieren a factores físicos del ambiente, como el ruido excesivo, la iluminación inadecuada o la disposición del mobiliario, que puede dificultar la conversación. En un abarrotado y ruidoso restaurante, por ejemplo, tanto clientes como personal podrían tener dificultades para escuchar y responder correctamente durante una conversación.
- **Barreras tecnológicas:** las barreras tecnológicas surgen cuando la comunicación se basa en herramientas tecnológicas que no funcionan correctamente, ya sea por problemas técnicos o por la falta de habilidades para usarlas adecuadamente. La falta de señal en un dispositivo electrónico, por ejemplo, puede interrumpir el proceso de pago o la toma de pedidos.

⮥ **Barreras culturales:** las barreras culturales incluyen las diferencias en creencias, valores y prácticas que pueden influir en la comprensión del mensaje. Con la globalización y el turismo internacional, es común que el sector hostelero interactúe con clientes de diversas culturas, lo que puede conducir a malentendidos si no se respetan ciertas normas o costumbres.

IMPORTANTE

Para abordar estas diversas barreras, es fundamental que el personal reciba capacitación continua no solo en habilidades de comunicación y técnicas interculturales, sino también en el uso y mantenimiento de herramientas tecnológicas. La comprensión de las expectativas y necesidades del cliente es la clave para ofrecer una experiencia positiva, incluso en presencia de estas diversas barreras.

3.3. Estilos de comunicación: agresivo, pasivo, asertivo

En el contexto de atención al cliente en hostelería, entender y modificar nuestros estilos de comunicación es esencial para establecer una experiencia positiva tanto para los clientes como para el personal del establecimiento. La comunicación efectiva se convierte en uno de los pilares fundamentales para el desarrollo de una relación armoniosa y para asegurar que el cliente se sienta valorado y comprendido. Los estilos de comunicación pueden clasificarse principalmente en: agresivo, pasivo y asertivo.

Comunicación agresiva

La comunicación agresiva se caracteriza por un enfoque dominante y, a menudo, destructivo. Las personas que utilizan este estilo tienden a expresar sus necesidades, deseos y opiniones de manera desconsiderada y, en muchos casos, humillante para el receptor. En el ámbito de la hostelería, este estilo se manifiesta a menudo en situaciones de alta presión o ante quejas de los clientes. Los rasgos típicos incluyen:

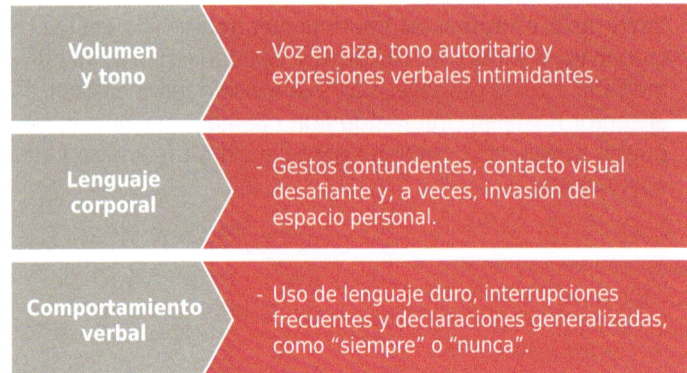

Volumen y tono	- Voz en alza, tono autoritario y expresiones verbales intimidantes.
Lenguaje corporal	- Gestos contundentes, contacto visual desafiante y, a veces, invasión del espacio personal.
Comportamiento verbal	- Uso de lenguaje duro, interrupciones frecuentes y declaraciones generalizadas, como "siempre" o "nunca".

Consecuencias en hostelería

Un estilo agresivo puede generar un ambiente hostil entre los empleados y los clientes, lo que puede erosionar la confianza y la lealtad del cliente. Esto puede afectar a la reputación del negocio si los clientes se sienten menospreciados o humillados.

 **EJEMPLO**

Un camarero que responde a una queja sobre un retraso en el servicio con una respuesta brusca ("¡Esto no es culpa mía, si estás apresurado, deberías haber elegido otro restaurante!") muestra claramente un enfoque agresivo.

Comunicación pasiva

La comunicación pasiva se caracteriza por la ocultación de sus propias necesidades y derechos, a menudo por miedo al conflicto o por el deseo de no molestar a los demás. En la industria de la hostelería, la comunicación pasiva puede presentarse de las siguientes maneras:

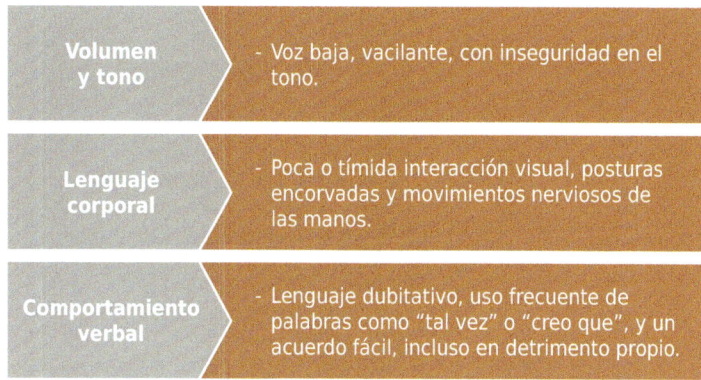

Volumen y tono	- Voz baja, vacilante, con inseguridad en el tono.
Lenguaje corporal	- Poca o tímida interacción visual, posturas encorvadas y movimientos nerviosos de las manos.
Comportamiento verbal	- Lenguaje dubitativo, uso frecuente de palabras como "tal vez" o "creo que", y un acuerdo fácil, incluso en detrimento propio.

Consecuencias en hostelería

Al adoptar un estilo pasivo, es probable que no se aborden las necesidades del cliente de manera efectiva. Esto podría llevar a malentendidos y a un servicio deficiente. Los clientes pueden sentir que el personal carece de confianza o no sabe cómo manejar ciertas situaciones.

 **EJEMPLO**

Un recepcionista que acepta cualquier solicitud del huésped sin expresar sus limitaciones ni consultar con supervisores podría comprometer la operación del hotel y la satisfacción del cliente.

Comunicación asertiva

La comunicación asertiva es el equilibrio adecuado entre los estilos pasivo y agresivo. Este estilo de comunicación busca expresar las necesidades y emociones de manera clara, directa y honesta, respetando al mismo tiempo los derechos de los demás. En la hostelería, la comunicación asertiva ayuda a crear un ambiente de trabajo positivo y productivo, y ofrece numerosos beneficios:

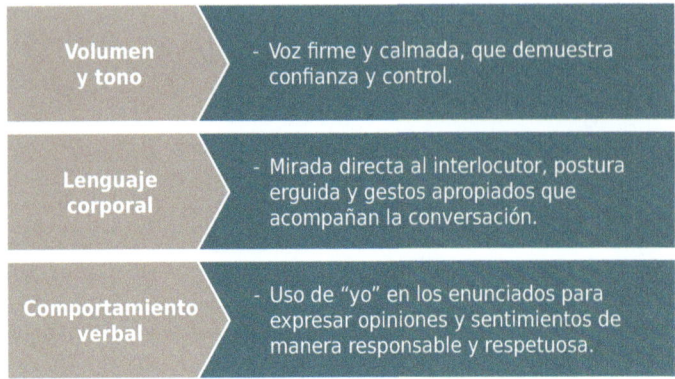

Volumen y tono	- Voz firme y calmada, que demuestra confianza y control.
Lenguaje corporal	- Mirada directa al interlocutor, postura erguida y gestos apropiados que acompañan la conversación.
Comportamiento verbal	- Uso de "yo" en los enunciados para expresar opiniones y sentimientos de manera responsable y respetuosa.

Consecuencias en hostelería

Fomentar una comunicación asertiva permite resolver conflictos con eficiencia y reducir los malentendidos. Los clientes valorarán la honestidad y la transparencia, promoviendo así la confianza y la fidelización.

◉ EJEMPLO

Un gerente de restaurante que responde a las críticas de un cliente escuchando atentamente, reconociendo el problema y proponiendo una solución viable muestra un enfoque asertivo. Por ejemplo, diciendo: "Entiendo su frustración respecto al retraso en su pedido. Haré lo posible para acelerar su preparación y le ofrezco una bebida de cortesía mientras tanto".

Estrategias para fomentar la comunicación asertiva

La comunicación asertiva es fundamental en la atención al cliente en hostelería, pues debemos ser capaces de establecer una distancia verbal y física sin ofender y sin parecer personas antipáticas. Por mucho que las personas a las que estamos atendiendo en una barra, recepción o sala de restaurante quieran tener confianza, no hay que olvidar que son clientes, y que ellos y ellas pueden ser personas simpáticas, alegres, divertidas e, incluso, pueden tutearte, pero tú debes mantener una distancia profesional y ser capaz de que también se respete tu espacio y tu trabajo.

A continuación, te explicamos una serie de técnicas que te ayudarán a ser una persona asertiva:

- **Formación y desarrollo:** proporcionar capacitación en habilidades de comunicación asertiva y resolución de conflictos puede transformar el estilo comunicacional del personal.
- *Role-playing:* organizar ejercicios de simulación de situaciones comunes en el entorno hotelero ensaya respuestas y escenarios que ayudan a que los empleados se sientan preparados para reaccionar con asertividad.
- *Feedback* **constructivo:** fomentar una cultura de feedback regular y constructivo, tanto en reuniones de equipo como con los responsables de los hoteles, ayuda a identificar áreas de mejora y a reforzar el comportamiento asertivo.
- **Escucha activa:** enseñar y practicar la escucha activa permite comprender mejor las necesidades del cliente y responder con empatía y transparencia.
- **Modelado de comportamiento:** los líderes de hostelería deben actuar como modelos de conducta, demostrando diariamente una comunicación asertiva y estableciendo un estándar que los empleados puedan seguir.

 APLICACIÓN PRÁCTICA

Pedro, en el restaurante, cuando se dirige al equipo es claro, pero sin ser tajante ni desagradable; lo que sí hace es exponer los objetivos con claridad, y definir lo que está permitido y lo que no se debe hacer en la comunicación con el cliente. No admite variaciones en esto, pero siempre hay alguna persona que se lo toma como un toque de atención por el tono serio, y que no lo interpreta bien. ¿Puede ser que Pedro no esté empleando la comunicación asertiva y esté empleando otra? Define qué se entiende por comunicación asertiva.

Solución

La comunicación asertiva es aquella en la que una persona expresa sus ideas, deseos o sentimientos de forma clara y honesta, pero sin agredir ni someterse a los demás. Busca el equilibrio entre defender los propios derechos y respetar los derechos de los otros, utilizando un tono adecuado y empático.

4. Aspectos a considerar en la eficaz atención al cliente en hostelería

👉 HILO CONDUCTOR

En el Hotel Mediterráneo, Pedro ya va integrando el protocolo de atención al cliente en todos los departamentos, pero quiere añadir otros factores que pueden mejorar la atención al cliente y que están relacionados directamente con la fidelización, como pueden ser la recogida de datos o la personalización del servicio, que se consiguen con técnicas como la escucha activa o la observación activa. Para que los miembros del equipo relacionen las técnicas con los objetivos de excelencia que Pedro quiere lograr, analiza las necesidades de los clientes para aplicar estas técnicas y mejorar el servicio.

- -

Después de haber comprendido la importancia de los estilos de comunicación —agresivo, pasivo y asertivo—, es esencial poner en práctica una serie de aspectos que influirán directamente en la experiencia del cliente.

A continuación, abordaremos los principales elementos a considerar para asegurar una eficaz atención al cliente en hostelería y garantizar la satisfacción del huésped y, por ende, el éxito de cualquier establecimiento en este sector, tanto en una recepción como en un restaurante o bar.

4.1. Comprensión y anticipación de las necesidades del cliente

Un conocimiento profundo de las necesidades del cliente es crucial. No basta con reaccionar a sus solicitudes; anticiparse puede marcar la diferencia. Esto requiere un enfoque detallado en:

Observación activa	Escucha activa
- El personal debe estar entrenado para captar señales no verbales y verbales que indiquen las preferencias o necesidades del cliente. Esto puede incluir observar la expresión facial, el tono de voz y el lenguaje corporal.	- Para comprender al cliente verdaderamente, es esencial practicar la escucha activa, que implica prestar atención completa a las palabras del cliente y responder con empatía. Esto genera un ambiente de confianza y apertura.

 **EJEMPLO**

Si un cliente está solo en el restaurante y ojea el menú con una expresión pensativa, el personal podría acercarse con cortesía para sugerirle las especialidades del día, demostrando atención y anticipación de sus necesidades.

4.2. Personalización del servicio

La personalización es el arte de adaptar el servicio para que cada cliente se sienta único y valorado. Involucra:

Recogida de información previa	Interacción personalizada
- Mediante sistemas de gestión de relaciones con los clientes (CRM), se pueden recoger y analizar datos sobre preferencias previas, alergias alimentarias o celebraciones especiales del cliente.	- Llamar al cliente por su nombre y recordar sus preferencias de visitas anteriores crea una conexión especial. Esto ayuda a fortalecer la lealtad del cliente hacia el establecimiento.

 **EJEMPLO**

Si un huésped vuelve a un hotel que visitó anteriormente, encontrarse con una nota personalizada de bienvenida en su habitación o con un detalle que refleje sus preferencias genera un impacto positivo inmediato.

4.3. Formación continua al personal

El personal es el rostro del establecimiento. Su formación y bienestar son determinantes para ofrecer una atención de calidad. Para lograr que el personal represente a la empresa con una imagen de calidad, hay aspectos que se deben tener presentes y que son esenciales:

Desarrollo de habilidades comunicativas	Conocimiento del producto y de los servicios
- Capacitar al personal en habilidades de comunicación asertiva es esencial para manejar diversas situaciones con clientes. Las técnicas de manejo de conflictos, mediación y negociación son especialmente útiles.	- Todo el equipo debe tener un conocimiento exhaustivo sobre los productos y servicios que ofrece el establecimiento. La seguridad y la confianza en las respuestas transmiten profesionalismo. Por ejemplo, cliente podría preguntar sobre los ingredientes de un plato debido a alergias alimentarias. Un empleado bien capacitado proporcionará la información precisa y, si es necesario, ofrecerá alternativas seguras.

4.4. Gestión eficaz de quejas

Las quejas son inevitables, y su gestión puede convertir una experiencia negativa en una oportunidad para sorprender al cliente.

Para transformar una queja en una oportunidad, se pueden establecer normas y analizar el *feedback* del cliente. En estos dos apartados te damos algunas pautas para lograrlo:

Proceso estructurado para las quejas	Retroalimentación y mejora continua
- Es importante establecer protocolos claros para la recepción y resolución de quejas, y asegurarse de que todos los empleados están capacitados para manejarlas adecuadamente.	- Más allá de resolver la queja, es fundamental analizar la retroalimentación recibida para identificar áreas de mejora, ajustando procedimientos y las capacitaciones futuras.

 **EJEMPLO**

Un cliente se queja de que su habitación no está suficientemente limpia. Un empleado capacitado afrontará la situación con empatía, se disculpará sinceramente y ofrecerá una solución inmediata, como cambiar la habitación u ofrecer una limpieza adicional, seguida de un gesto de compensación.

4.5. Creación de un ambiente acogedor

El ambiente del establecimiento también juega un papel significativo en la experiencia general del cliente. Se deben considerar los siguientes aspectos:

- **Diseño y comodidad del espacio:** es importante asegurarse de que las áreas comunes y privadas sean cómodas y estén bien diseñadas. La estética, la iluminación y la temperatura contribuyen a un ambiente agradable.
- **Puntos de contacto consistentes:** desde la recepción hasta la salida final, cada punto de contacto debe alinearse con el servicio esperado, ofreciendo niveles consistentes de calidad.

 **EJEMPLO**

Una cafetería bien iluminada, con música suave de fondo y un servicio al cliente atento genera un ambiente acogedor que invita al cliente a volver.

4.6. Valoración y reconocimiento de la fidelidad

Un cliente leal es valiosísimo. Reconocer y recompensar esta fidelidad fomenta relaciones a largo plazo. Algunas formas de fidelización que se pueden emplear son:

- **Programas de lealtad:** se pueden implementar programas que ofrezcan beneficios por visitas frecuentes, descuentos en servicios o invitaciones a eventos exclusivos.

⮑ **Reconocimientos personalizados:** gestos como recordar aniversarios y cumpleaños del cliente, y brindar sorpresas personalizadas, son formas efectivas de mostrar aprecio.

4.7. Contacto directo con el cliente: aspectos lingüísticos, imagen, apariencia personal, lenguaje corporal

En el mundo de la hostelería, el contacto directo con el cliente es fundamental para garantizar una experiencia positiva. A continuación, desglosamos los aspectos cruciales que forman parte de este contacto, centrándonos en la comunicación efectiva a través del lenguaje, la imagen personal y el lenguaje corporal.

Mientras tenemos contacto con el cliente, hay muchas variables que pueden influir a la hora de validar la atención recibida. Estos aspectos pueden ser los indicados a continuación.

Aspectos lingüísticos en la atención al cliente

La comunicación verbal es una herramienta poderosa. En la interacción con los clientes son esenciales los siguientes aspectos para crear un ambiente de bienvenida y confianza:

⮑ **Elección de palabras:** el uso de un vocabulario adecuado es esencial. En hostelería, es importante utilizar un lenguaje cortés, pero amigable. Frases como "¿Cómo puedo asistirle hoy?", en lugar de un simple "¿Qué desea?", pueden marcar la diferencia en la percepción del cliente sobre la calidad del servicio. Un café bien iluminado, con música suave de fondo y un servicio al cliente atento genera un ambiente acogedor que invita al cliente a volver.
⮑ **Tono de voz:** el tono de voz en la interacción con los clientes cumple un papel fundamental, ya que permite crear una primera impresión positiva que hace sentir al cliente bien recibido desde el inicio. Además, al emplear un tono respetuoso y seguro, se genera confianza y se transmite profesionalismo. Un tono cálido también favorece la cercanía, evitando que la comunicación sea fría y fortaleciendo la conexión humana. En situaciones de tensión, un tono sereno contribuye a disminuir la incomodidad y facilita la búsqueda de soluciones. Finalmente, la manera de expresarse refleja la identidad y los valores de la empresa, proyectando coherencia con su cultura y diferenciándola de la competencia.

- **Claridad y exactitud:** transmitir información de manera clara y precisa evita malentendidos. Utilizar frases cortas y asegurarse de que el mensaje ha sido comprendido por el cliente es vital. Por ejemplo, al explicar el menú, en lugar de usar jergas culinarias complejas, es mejor optar por descripciones sencillas y evocadoras que hagan justicia al plato.
- **Uso de modismos y jerga:** es importante evitar modismos y jerga local que el cliente internacional no pueda entender. Optar por un lenguaje estándar asegura que la comunicación sea efectiva y sin confusiones.

Imagen y apariencia personal

La imagen personal es otra forma crucial de comunicación no verbal. La apariencia del personal puede afectar la percepción del cliente sobre la calidad del servicio y el establecimiento. Así, los aspectos que debes reunir para transmitir una imagen de profesionalidad son:

- **Código de vestimenta:** un uniforme limpio y bien cuidado proyecta profesionalismo y confianza. Para quienes trabajan en posiciones de servicio al cliente, un uniforme adaptado a la temática del establecimiento y que mantenga una apariencia pulcra es esencial.
- **Higiene personal:** aspectos como el peinado, las uñas limpias y un buen aseo personal contribuyen enormemente a una primera impresión positiva. En un sector como el de la hostelería, el personal debe reflejar los estándares de calidad y cuidado del establecimiento a través de su aspecto personal.
- **Expresión facial y sonrisa:** una sonrisa sincera es una herramienta poderosa en la hostelería. Comunicar calidez y accesibilidad a través de la expresión facial crea un ambiente positivo y continuo en el servicio.
- **Lenguaje corporal:** el lenguaje corporal complementa y, a menudo, refuerza la comunicación verbal y la imagen personal. La manera en que nos movemos, gesticulamos y mantenemos el contacto visual puede fortalecer la interacción con el cliente.
- **Postura:** los líderes de hostelería deben actuar como modelos de conducta, demostrando diariamente una comunicación asertiva y estableciendo un estándar que los empleados puedan seguir.
- **Gestos:** los gestos deben ser utilizados para enfatizar puntos importantes y mostrar entusiasmo. No obstante, gesticular exageradamente puede resultar incómodo, por lo que es importante encontrar un equilibrio.
- **Espacio personal:** respetar el espacio personal del cliente es clave. Estar a una distancia adecuada facilita la comunicación sin invadir la comodidad del cliente, respetando así tanto la privacidad como la interacción efectiva.

⮱ **Contacto visual:** el contacto visual transmite sinceridad y atención. Mantener un adecuado contacto visual señala que el cliente tiene nuestra atención completa, fortaleciendo así la relación.

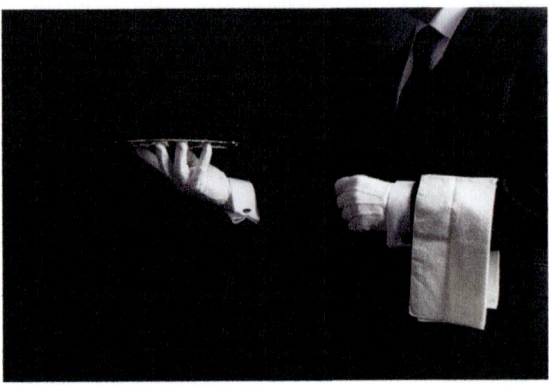

La imagen personal es lo primero que la clientela va a valorar.

 PARA SABER MÁS

Desde los chefs en las cortes reales hasta los camareros en las posadas antiguas, los uniformes han sido símbolo de estatus y distinción. En el siguiente artículo podrás saber más sobre la evolución de los uniformes en el sector de la restauración. Accede desde aquí para verlo.

https://redirectoronline.com/hotr010108

Contacto no directo con el cliente: telefónico, escrito, webs, redes sociales

En la hostelería, la atención al cliente no se limita solo al contacto directo y cara a cara. Con el avance de la tecnología y el cambio en las preferencias de los consumidores, el contacto no directo, ya sea por teléfono, por escrito, a través de sitios web o en redes sociales, ha cobrado una importancia equiparable. Cada canal ofrece distintas oportunidades y retos para comunicarse con los clientes, por lo que es fundamental que las empresas del sector hostelero comprendan las particularidades de cada uno para ofrecer una experiencia completa y satisfactoria.

Contacto telefónico: comunicación telefónica

La comunicación telefónica sigue siendo un canal primordial de soporte al cliente, especialmente en situaciones que requieren soluciones rápidas y personalizadas. Su principal ventaja es la inmediatez de respuesta, al permitir resolver dudas o problemas de manera eficiente. A continuación, te mostramos aspectos fundamentales en la comunicación telefónica que te pueden ayudar a comprender el proceso que debemos seguir para lograr ser más eficientes cuando atendemos a clientes por teléfono:

- ⮕ **Protocolo y cortesía telefónica:** la cortesía debe ser la base del servicio al cliente por teléfono. Desde el saludo inicial, que debe ser claro y cálido, hasta la despedida amigable, pasando por una escucha activa. Utilizar un tono de voz adecuado es crucial, ya que esto transmite interés, amabilidad y profesionalidad.
- ⮕ **Gestión del tiempo y eficiencia:** es esencial que la interacción telefónica sea lo más eficiente posible para no hacer perder el tiempo al cliente. Mantener un flujo claro de comunicación, evitando poner en espera a los clientes por periodos prolongados, es una práctica fundamental. Si se requiere buscar información adicional, comunicar al cliente que eso llevará un momento de espera es una forma de mantener la transparencia y gestionar sus expectativas.

◉ EJEMPLO

"Buenos días, gracias por llamar a [nombre del establecimiento]. Mi nombre es [nombre del agente], ¿cómo puedo ayudarle hoy?". Esta fórmula no solo genera una buena primera impresión, sino que también establece un ambiente acogedor para el cliente.

Contacto por escrito: comunicación escrita

Es fundamental saber entenderse también con la comunicación escrita. Como hemos observado en los ejemplos anteriores, en la recepción de un hotel, por ejemplo, tenemos que enviar correos electrónicos a clientes, empresas, páginas de reservas, agentes de viajes y, además, responderlos, y muchas veces algunos en nombre del director. Es fundamental saber desenvolverse en este campo sin realizar faltas de ortografía, de puntuación, sin repetir palabras en el mismo texto; hay que saber dirigirse a las personas en función de su categoría profesional y saber transmitir lo que queremos decir con claridad.

En este apartado, vas a ver los distintos canales en los que vamos a utilizar la comunicación escrita, y la importancia de realizarla correctamente para evitar malentendidos o fallos a la hora de reservar alojamiento o servicios que nos solicitan también por escrito.

IMPORTANTE

La comunicación escrita abarca desde el correo electrónico hasta la mensajería instantánea, y es un canal vital para establecer comunicaciones formales y documentadas.

Contacto por sitios web: correos electrónicos y chats en línea

Los sitios web actúan como la carta de presentación de cualquier negocio en la era digital. En el sector hostelero, un sitio web funcional y atractivo es decisivo para captar clientes y, además, nos puede servir como publicidad gratuita (aunque la publicidad puede ser positiva o negativa, ya que, dependiendo de cómo gestione el hotel lo que se ve en la web o cómo se atiendan los comentarios y reseñas de los clientes, esa publicidad nos dará ventaja o nos quitará clientes). Estos son dos ejemplos de comunicación escrita que podemos utilizar y que también nos pueden servir, bien utilizados, para crearnos una imagen positiva:

Correos electrónicos

Los correos electrónicos permiten una comunicación más detallada y estructurada respecto a solicitudes complejas o respecto a la organización de eventos. Es importante asegurarse de que los correos sean claros, con párrafos cortos y un lenguaje positivo y respetuoso. Por ejemplo, un correo que informa sobre la confirmación de una reserva debe incluir todos los detalles necesarios, como fechas, horarios y políticas de cancelación.

 **EJEMPLO**

Estimado Cliente,

Le escribo para confirmar la reserva del día 15 de diciembre para 10 personas en la terraza de invierno, a las 15:00 horas y con el menú nº 3, que incluye postre, café y copa de cava.

Si sufren algún retraso, les rogamos que nos escriban al correo: maria@gmail.com, o que nos llamen al número de teléfono 658942335 para guardarles la mesa.

Nuestra dirección es: C/ Narciso n.º 10 con código postal 30125.

Disponemos de parking gratuito para los clientes.

Los esperamos.

Pedro Martínez. Responsable de A&B

Hotel Mediterráneo.

Chats en línea

Los chats en línea en los sitios web de las empresas de hostelería ofrecen un método ágil y flexible para resolver consultas de manera casi instantánea. El uso de chatbots puede ser efectivo para resolver dudas básicas o guiar a los clientes en los primeros pasos informativos, mientras que la intervención humana debe estar disponible para cuestiones más complejas.

 **EJEMPLO**

Cliente: Hola, ¿estáis abiertos ahora para cenar?

Chatbot: Sí, hasta las 23:30 h.

 TAREA 2

En el restaurante Mediterráneo el equipo de cocina ha confeccionado menús de empresa de cara a las fiestas de Navidad. Como han abierto hace poco, hay muchas empresas y grupos interesados en reservar con antelación para no quedarse sin mesa y, para recibir toda la información por escrito y valorar las opciones, muchas de las solicitudes de información sobre la oferta gastronómica y la ocupación se hacen por correo electrónico. A lo largo del día, has comprobado que muchos de esos correos se responden sin orden y son bastante confusos.

Redacta un correo respondiendo a una clienta que solicita información sobre los menús y sobre la disponibilidad para el día 18 de diciembre, que es un día en el que en el restaurante hay poco espacio porque es uno de los días con más reservas del mes. La clienta nos dice que van a ser 25 personas para cenar.

Recuerda que es una clienta potencial a la que no debemos dejar escapar; tienes que intentar que reserve otro día para no perder la oportunidad.

Comunicación a través de sitios web

Los sitios web actúan como la carta de presentación de cualquier negocio en la era digital. En el sector hostelero, un sitio web funcional y atractivo es decisivo para captar clientes. Para lograrlo, es fundamental que la página web integre ciertos elementos clave:

- **Interfaz y navegación:** la apariencia debe ser visualmente agradable, con un diseño intuitivo que facilite la navegación del usuario. Los contenidos deben estar organizados en categorías claras para que el cliente pueda encontrar rápidamente la información que necesita. Incorporar una sección de preguntas frecuentes (FAQ) y formularios de contacto funcionales aumenta considerablemente la eficiencia de la comunicación no directa.

- **Información actualizada y transparente:** los clientes dependen del sitio web para obtener información precisa y actualizada. Desde los servicios y tarifas hasta los términos y condiciones, toda la información debe ser clara y fácilmente accesible. Un ejemplo común sería exhibir de manera destacada las ofertas y paquetes especiales, como descuentos por reservas anticipadas.
- **Sistema de reservas:** en la hostelería, ofrecer un sistema de reservas online sencillo y seguro es crucial. Este sistema debe incluir confirmaciones o notificaciones automáticas, y un proceso que permita al cliente realizar modificaciones o cancelaciones de manera amigable. La importancia de garantizar la protección de la información personal del cliente no puede ser subestimada.

Redes sociales

Las redes sociales comenzaron como una herramienta para compartir experiencias entre amigos y se han convertido en un canal de comunicación y de información casi más importante que cualquier otro medio. Tienen la ventaja de la accesibilidad gratuita, puesto que para consultar y leer tienen coste 0, y abarcan a casi todo el mundo, independientemente del nivel socioeconómico de las personas.

Las redes sociales son una herramienta fundamental para la hostelería, ya que permiten dar a conocer el negocio, conectar con clientes y mejorar la atención al cliente.

Inicialmente, en el sector de la hostelería y el alojamiento, las empresas solo se publicitaban. Pero, con el tiempo, también han añadido motores de reserva, con lo que el cliente puede efectuar una reserva o comprar desde la misma página donde ve anunciado un establecimiento o un producto, lo que hace que los posibles clientes potenciales se dupliquen.

👁 EJEMPLO

Existen empresas que, por un módico precio, integran en la página de *Facebook* de los hoteles un motor de reservas. De esta forma, los clientes que ven la publicidad y se dirigen a la página pueden hacer una reserva en la red social, y el establecimiento se ahorra las comisiones de las agencias *online.*

Ejemplo de motor de reservas en Facebook

También se pueden integrar motores de reserva en las páginas de los hoteles, alojamientos u otros establecimientos en *Instagram.*

Ejemplo de motor de reserva en Instagram

Además, a través de las publicaciones, se capta la atención de las personas, se responde a sus preguntas y también tenemos la posibilidad de que nos dejen comentarios positivos sobre sus experiencias. Redes sociales como *Facebook, Instagram* o *Tik-Tok* han aumentado las ventas en el sector de la hostelería de manera excepcional en los últimos años, porque las empresas pueden incluir fotos o vídeos que son más llamativos e interesantes que si solamente se pone un texto.

Contacto por redes sociales

Las redes sociales han transformado la forma en que las empresas de hostelería se comunican con sus clientes, permitiendo una interacción más directa, personal y dinámica. A continuación, puedes ver las distintas posibilidades que se han abierto con las redes sociales:

- **Interacción y *engagement*:** las redes sociales son una herramienta poderosa para crear una relación más cercana con los clientes. Responder a comentarios y mensajes muestra interés y disposición a ayudar. La capacidad de la interacción en tiempo real fomenta la percepción de accesibilidad y compromiso de la marca. Por ejemplo, un cliente que comparte una experiencia positiva en redes sociales puede ser agradecido públicamente por la empresa, a modo de reconocimiento y relación bidireccional.
- **Promociones y contenidos visuales:** utilizar redes sociales para divulgar promociones especiales, eventos y cualquier novedad relevante es eficaz. El poder de los contenidos visuales, como imágenes y vídeos, atrae y mantiene la atención de seguidores. Crear campañas que inviten a la participación, como concursos o sorteos, también aumenta el *engagement* y refuerza la presencia de marca.
- **Manejo de quejas y crisis:** las redes sociales también son plataformas para resolver quejas. Es crucial responder de manera rápida y profesional a comentarios negativos o críticas. Actuar de forma transparente y cortés, ofreciendo soluciones y mostrando un interés genuino en mejorar, no solo resuelve el reclamo, sino que también demuestra a otros clientes que la empresa se preocupa por la satisfacción del cliente.

 **TAREA 3**

En el Hotel Mediterráneo has logrado implantar un protocolo de atención al cliente para recibir a la clientela en el establecimiento y, poco a poco, todo

Continúa en página siguiente >>

<< Viene de página anterior

el equipo va comprendiendo la importancia de seguir la misma línea para establecer unos estándares de calidad. Además de tener personas que entran a comer y a cenar, también hay huéspedes que piden comida para consumir en las habitaciones, y clientela que hace reservas para el restaurante. Pasan unos días desde la apertura y te das cuenta de que hay muchas personas que han hecho reserva y que no están apuntadas, así como reservas que no tienen todos los datos, o habitaciones que consumen, pero a las que no se les carga la factura porque no se apunta el número de habitación.

Para solucionar esto, hay que realizar otro protocolo para atender bien las reservas, coger todos los datos y que se carguen todas las consumiciones a las habitaciones.

Escribe un protocolo para cada caso. En el caso de las reservas para el restaurante, el protocolo será diferente al de las habitaciones, que es más simple y no implica tanta precisión.

4.8. Importancia de la tríada "conocimientos, habilidades y actitud" en la atención al cliente en hostelería

Seguidamente, profundizaremos en la importancia de la tríada compuesta por los conocimientos, las habilidades y la actitud, que son la piedra angular en la atención al cliente en hostelería, y que no solo sostiene, sino que también eleva la calidad del servicio brindado. En departamentos como la recepción o el restaurante vas a comprobar cómo el desarrollo de estas habilidades forma una sólida base para generar interacciones enriquecedoras y satisfactorias para el cliente, fomentando lealtad y diferenciación en un mercado cada vez más competitivo.

Conocimientos

La base de cualquier interacción efectiva en hostelería es un sólido conjunto de conocimientos. Estos abarcan una amplia gama de información, desde productos y servicios ofrecidos hasta políticas y procedimientos. Tener un conocimiento profundo de estos aspectos es esencial, ya que los empleados mejor informados son más capaces de satisfacer las necesidades y expectativas del cliente.

A continuación, puedes ver dos tipos diferentes de conocimientos fundamentales para una buena atención al cliente:

⮩ **Conocimientos sobre el producto y el servicio:** cada miembro del personal debe estar familiarizado con el menú, los ingredientes, las opciones de dietas especiales y cualquier otro detalle que el cliente pueda necesitar. Por ejemplo, si un cliente pregunta sobre alérgenos específicos en un plato, el personal debe ser capaz de proporcionar información precisa e inmediata. Esto no solo previene problemas potenciales, sino que también crea una impresión de profesionalismo y competencia. Los clientes dependen del sitio web para obtener información precisa y actualizada. Desde los servicios y tarifas hasta los términos y condiciones, toda la información debe ser clara y fácilmente accesible. Un ejemplo común sería exhibir de manera destacada las ofertas y paquetes especiales, como descuentos por reservas anticipadas.
⮩ **Conocimientos sobre procedimientos internos**: más allá de los productos, comprender cabalmente los procedimientos internos asegura una operativa fluida y libre de errores. Esto incluye desde el manejo adecuado de las reservas hasta procedimientos de emergencia y limpieza. Un ejemplo claro es el manejo de quejas; si el empleado está bien entrenado sobre cómo abordar una queja con eficacia, las posibilidades de resolver el inconveniente y mantener al cliente satisfecho aumentan.

Habilidades

Mientras que los conocimientos son la base del qué, las habilidades representan el cómo. Son las capacidades prácticas que permiten a los empleados aplicar su conocimiento de formas efectivas y eficientes. En el ámbito de la hostelería, las habilidades interpersonales, de comunicación y de resolución de problemas son algunas de las más necesarias:

⮩ **Habilidades interpersonales:** las interacciones con los clientes en la hostelería son frecuentes y diversas, lo que hace que las habilidades interpersonales sean fundamentales. Ser capaz de leer el lenguaje corporal de un cliente, interpretar sus emociones y adaptar el enfoque en consecuencia puede marcar una gran diferencia en la experiencia del cliente. Por ejemplo, un cliente frustrado puede requerir una técnica de desaceleración, como escuchar activamente sus preocupaciones antes de ofrecer una solución, mientras que un cliente entusiasmado puede requerir una interacción más enérgica y participativa.
⮩ **Habilidades de resolución de problemas:** en muchas ocasiones, el personal de hostelería se encuentra en la posición de tener que resolver problemas espontáneos en el acto, manteniendo al mismo tiempo una

actitud serena y profesional. Estas habilidades son cruciales para manejar con éxito el amplio rango de desafíos que pueden surgir, como el overbooking, retrasos en el servicio o dificultades logísticas. Tener una mentalidad orientada a la solución, junto con la capacidad de trabajar colaborativamente con otros compañeros, permite al personal transformarse en solucionadores de problemas proactivos que pueden mitigar situaciones problemáticas sin que implique mucha interrupción para el cliente.

⮑ **Habilidades de comunicación:** la comunicación efectiva es otro pilar en la atención al cliente. Esto implica no solo la capacidad de transmitir información con claridad y precisión, sino también saber escuchar de manera activa para comprender completamente las necesidades del cliente. Utilizar un lenguaje positivo, mantener el contacto visual y reflejar un lenguaje corporal abierto son técnicas que ayudan a establecer una comunicación efectiva. Además, tener la capacidad de ajustar el tono y el idioma según el contexto y el cliente específico también es vital para crear una atmósfera acogedora y respetuosa.

Actitud

La actitud con la que se enfrenta cada día de trabajo y cada interacción con los clientes es, en muchos sentidos, lo que más impacto tiene en la experiencia del cliente. Una actitud positiva puede influir de manera significativa en el ambiente general del establecimiento.

En este gráfico puedes ver tres tipos de actitud que deberás adoptar para la correcta atención y comunicación con el cliente:

⮑ **Actitud positiva:** mostrar una actitud positiva es transmitir amabilidad genuina, entusiasmo y disposición para ayudar. No importa cuán complicado o demandante sea el cliente, mantener una actitud fresca y positiva ayuda a calmar tensiones y a mejorar el ambiente. Esto no solo se refleja en el servicio al cliente, sino que también sirve como modelo a seguir para el resto del equipo, promoviendo un ambiente de trabajo animado y productivo.

⮑ **Actitud de aprendizaje continuo:** la industria hostelera está en constante evolución; las nuevas tendencias, tecnologías y expectativas están siempre emergiendo. Como tal, una actitud orientada al aprendizaje continuo es vital para la mejora personal y profesional continua. Los empleados que están dispuestos a adquirir nuevas habilidades, información y técnicas están mejor preparados para adaptarse a cambios del mercado, y se mantendrán relevantes y efectivos en sus puestos de trabajo.

⮑ **Actitud empática:** la hostelería es un negocio centrado en las personas, por lo que una actitud empática es esencial. Los empleados deben ser capaces de ponerse en el lugar de los clientes para entender mejor sus perspectivas y emociones. Esto es especialmente relevante en situaciones en las que el cliente está insatisfecho o incómodo. Ser empático permite que el empleado responda de manera que el cliente se sienta escuchado y respaldado.

Integración de la tríada para una experiencia memorable

Es la integración cohesiva de conocimientos, habilidades y actitud lo que verdaderamente determina la calidad de la atención al cliente en hostelería. Individuos que saben cómo aplicar su conocimiento a través de habilidades efectivas, y que mantienen una actitud positiva y empática, pueden generar experiencias que superen las expectativas de los clientes.

 EJEMPLO

Considere un caso en el que un cliente llega después de un largo viaje internacional; está visiblemente agotado y presenta una ligera irritación debido a la demora en su vuelo. Un miembro del personal bien informado utiliza sus habilidades de comunicación para empatizar y escuchar activamente al cliente, mientras que ofrece soluciones rápidas, como acelerar el proceso de *check-in* y ofrecer una bebida de bienvenida. Con una actitud positiva y empática, el empleado transforma una situación potencialmente negativa en una de alivio y satisfacción, demostrando el poder de la tríada en acción.

ACTIVIDAD COMPLEMENTARIA

3. Has comprobado que la comunicación importante no solo es verbal, y que con tus gestos, tu tono de voz y tu mirada transmites también tus emociones. Teniendo en cuenta que estás de cara al público, debes gestionarlas de tal forma que el cliente se sienta cómodo y bien atendido. Para conseguir este efecto y no el contrario debes ser consciente de tus posturas, del lenguaje que utilizas en todo momento y, además, debes saber que cada cliente es

Continúa en página siguiente >>

<< Viene de página anterior

diferente, se expresa de forma distinta y espera el mismo buen recibimiento independientemente de su procedencia o forma de ser.

Busca e investiga en la red la forma correcta de gestionar los casos que te ponemos a continuación:

Caso 1

Estás atendiendo el mostrador de un hotel y ayudando a un cliente a reservar mesa en el restaurante y, en ese momento, se acerca otra persona con mucha prisa, que quiere ser atendida y que está nerviosa. Tu compañero está montando las mesas.

· ¿Cómo resuelves la situación si el cliente que ha llegado después te está metiendo presión?
· ¿Quién tiene prioridad?
· ¿Cómo debes actuar para que todos los clientes estén satisfechos?

Caso 2

Estás en la barra atendiendo a mucha gente que pide bebidas constantemente. En ese momento, suena el teléfono.

· ¿Quién tiene prioridad? ¿Dejas de atender a las personas de la barra para contestar a la llamada?

5. Resumen

Existen muchas formas de comunicación con el cliente que han ido evolucionando a lo largo de la historia del sector hostelero. Para integrarlas en la atención al cliente y adaptarnos (e, incluso, adelantarnos) a las necesidades del cliente y ser capaces de ofrecer experiencias personalizadas, los profesionales de este sector han tenido que desarrollar habilidades y competencias que pueden determinar el éxito de las empresas de hostelería.

Para lograr un entendimiento integral de las técnicas de atención al cliente, un conocimiento esencial para cualquier profesional que aspire a sobresalir en la industria de la hostelería es fundamental. Se debe empezar por comprender las habilidades verbales y no verbales, que son cruciales en la interacción diaria con los clientes. En un entorno donde la primera impresión puede ser decisiva, una comunicación eficaz, tanto verbal como no verbal, se traduce en una mayor satisfacción y fidelización del cliente.

La hostelería es un sector que se define por el contacto constante y directo con personas, lo que hace que la comunicación, en todas sus formas, sea una herramienta insustituible. Se debe profundizar en cómo afectan los elementos de la comunicación en la percepción que tiene el cliente sobre los profesionales de la atención al cliente, cómo el emisor, el mensaje y el canal impactan en los resultados de los negocios de hostelería y nos hacen poner el foco en las barreras que pueden entorpecer este proceso, tanto en ámbitos semánticos o lingüísticos como en planos psicológicos y actitudinales.

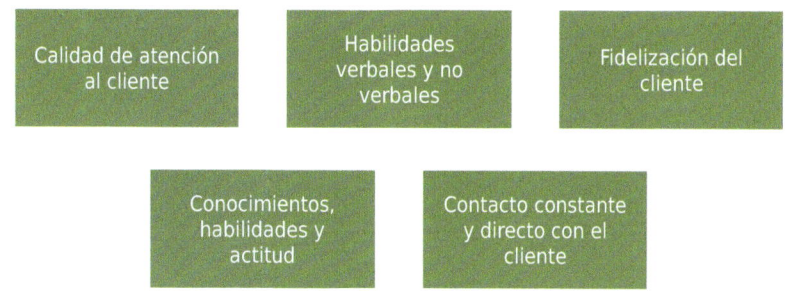

En este ámbito, no solo es crucial qué se dice, sino cómo se dice. Las comunicaciones no verbales también toman protagonismo y, mediante algunas técnicas y la formación adecuada, nos permitirán reconocer y adaptar el estilo de comunicación a las distintas situaciones, ya sea adoptando un enfoque más asertivo o demostrando comprensión mediante mensajes facilitadores.

El contacto con el cliente puede darse bajo múltiples formas, desde encuentros cara a cara, con un especial énfasis en la imagen y el lenguaje corporal, hasta interacciones menos personales, a través de medios como el teléfono, los correos escritos o las redes sociales. Cada modalidad exige un conjunto específico de competencias que garantizarán que la comunicación sea efectiva, apropiada y orientada al cliente.

Los conocimientos, las habilidades y la actitud son la piedra angular de la atención al cliente, donde el objetivo es facilitar experiencias inolvidables, fidelizar clientes, que predomine la excelencia en la atención, y mejorar la reputación de quienes participan en este próspero sector que es el de la hostelería.

Ejercicios de autoevaluación
Unidad de Aprendizaje 1

1. Determina si la siguiente oración es verdadera o falsa: "El tono de voz tiene un impacto profundo en cómo se percibe nuestra comunicación. Un tono amigable y acogedor puede hacer que los clientes se sientan cómodos y bienvenidos, mientras que un tono distante o brusco puede causar una impresión negativa".

   ■ Verdadero
   ■ Falso

2. Determina si la siguiente afirmación es verdadera o falsa: "Este subsector de alimentos y bebidas se ocupa de la producción y el servicio de comidas y bebidas. Abarca desde restaurantes y hoteles de cinco estrellas hasta pequeños cafés, moteles y servicios de *catering".*

   ■ Verdadero
   ■ Falso

3. ¿Cuál de estas acciones debemos llevar a cabo cuando un cliente nos está dando sus datos?

   a. Decirle que repita dos veces lo que nos ha dicho para no olvidarlo.
   b. Memorizarlo todo.
   c. Repetir y confirmar la información.
   d. Grabarlo con el móvil mientras hablamos con el cliente para no perder la información.

4. La escucha activa se caracteriza porque:

   a. Permite comprender mejor las necesidades del cliente y responder con empatía y transparencia.
   b. Abarca el uso de símbolos, signos e imágenes para comunicar mensajes de forma rápida y efectiva.
   c. Permite resolver quejas.
   d. Permite entender mejor a las personas de otros países.

5. La comunicación escrita abarca desde el correo electrónico...

 a. ... hasta las videollamadas.
 b. ... hasta la mensajería instantánea.
 c. ... hasta los mensajes de las redes sociales.
 d. Solo el correo electrónico, porque el resto son nuevas tecnologías.

6. Las barreras psicológicas y actitudinales surgen...

 a. ... de las actitudes sensibles de los clientes.
 b. ... de prejuicios o preocupaciones internas tanto del emisor como del receptor de la comunicación.
 c. ... de los directores de la empresa.
 d. ... de los clientes que no hablan español y no nos entienden.

7. La comunicación asertiva es el equilibrio adecuado...

 a. ... entre los estilos pasivo y agresivo.
 b. ... entre los estilos icónico y kinésico.
 c. ... entre los estilos pasivo y negativo.
 d. ... entre el estilo verbal y no verbal.

8. En el caso de asistir a un cliente por teléfono, es posible que se presenten quejas o problemas. La habilidad para calmar situaciones tensas y ofrecer soluciones efectivas es clave. Señala la acción correcta:

 a. Decirle al cliente que llame más tarde, que estará el director.
 b. Apuntar la incidencia y contestarle al día siguiente por escrito.
 c. No dejar asuntos sin resolver y asegurar el seguimiento pos-llamada si es necesario.
 d. Dejarle la queja al compañero que viene después porque finaliza nuestro turno.

9. La tríada en la comunicación está compuesta por:

 a. Mirada, gestos y expresión corporal
 b. Lenguaje oral y escrito
 c. Conocimientos, habilidades y actitud
 d. Asertividad y empatía

10. **Determina si esta afirmación es verdadera o falsa: "Las quejas son inevitables, y su gestión puede convertir una experiencia negativa en una oportunidad para sorprender al cliente".**

   ■ Verdadera
   ■ Falsa

Fases de la atención al cliente en hostelería

Contenido

Objetivos

El objetivo general de esta Unidad de Aprendizaje es:

→ Conocer las fases específicas que se dan en la atención al cliente en hostelería, identificando y teniendo en cuenta las distintas tipologías de clientes a los que tendremos que servir, detectando sus actitudes y comportamientos habituales con el fin de atenderlos adecuadamente, así como poner en funcionamiento programas de fidelización y evaluación tras el servicio.

Los objetivos específicos de esta Unidad de Aprendizaje son:

→ Dominar la técnica AIDA, que ayuda a atraer la atención del cliente y a convertir esa atención en acción.

→ Resolver conflictos con agilidad y asegurar el cumplimiento de cualquier promesa o compromiso.

→ Comprender los diferentes tipos de clientes que un profesional de hostelería podría encontrar.

→ Identificar las técnicas sobre ventas sustitutivas y cruzadas.

→ Detectar las etapas del servicio al cliente.

→ Corregir errores de comunicación entre departamentos para evitar errores en la atención a los clientes.

→ Crear las líneas generales de un programa de fidelización.

→ Integrar el método AIDA en la atención al cliente.

1. Introducción

En el sector de la hostelería, la atención al cliente es crucial para la creación de experiencias y para consolidar relaciones entre el establecimiento y la clientela. No se trata simplemente de ofrecer un producto o servicio, sino de hacerlo de una manera que impacte positivamente en quienes lo reciben. Es en este punto cuando las fases de la atención al cliente cobran un protagonismo indiscutible; es decir, el alumnado tiene la oportunidad de perfeccionar las habilidades y técnicas necesarias para ofrecer un servicio de calidad donde cada interacción es importante para crear experiencias memorables y lograr la fidelización de los clientes.

Es importante conocer los diferentes tipos de clientes con los que el personal se va a encontrar en su día y día, y a los que debe adaptarse con flexibilidad y competencia: desde clientes lentos a clientes exigentes o, simplemente, indecisos.

Ofrecer una atención personalizada durante la acogida, el servicio y la despedida no solamente consigue aumentar las expectativas del cliente, sino que también logrará mantener un estándar de calidad que, además, puede suponer un valor añadido del establecimiento.

Resolver conflictos y convertir las experiencias negativas en oportunidades para mejorar es otro aprendizaje esencial que, junto con las técnicas de venta cruzada y sustitutiva, va a aportar a Pedro, miembro del Hotel Mediterráneo, otras habilidades que diferencien el buen servicio de la excelencia en el servicio al cliente.

2. Desarrollo de las fases en la atención al cliente en hostelería

 HILO CONDUCTOR

En el Hotel Mediterráneo, Pedro, el supervisor, ya ha conseguido establecer un protocolo de atención al cliente que defina la imagen de la empresa. Pero, además, debe explicar al equipo las fases de las que se compone la atención al cliente, desde que los comensales o huéspedes tienen el primer contacto con la empresa hasta que se marchan del establecimiento. Esto pasa desde la primera

Continúa en página siguiente >>

<< Viene de página anterior

llamada o reserva hasta que salen por la puerta, o bien cuando finalizan ciertas gestiones posteriores con los clientes (que, a veces, son necesarias, como enviar una factura o atender otras necesidades que tienen lugar después de su visita). Para lograr que su equipo entienda la importancia de estas fases, va a empezar definiéndolas mientras la plantilla da el servicio, para que el personal relacione lo que aprende con sus interacciones con los clientes.

Dada la importancia que tiene la satisfacción del cliente en este sector, se han definido una serie de fases fundamentales en la atención que garantizan una experiencia positiva y memorable para el cliente. En este capítulo, abordaremos en detalle cada una de estas fases, desglosando su propósito y los pasos necesarios para asegurar un nivel de servicio óptimo.

Lo primero que debes entender es la importancia de la preparación del servicio antes de recibir a la clientela, es decir, que el establecimiento esté perfectamente preparado para recibir a los clientes. Se debe tener todo lo que esté a la vista perfectamente montado y listo; aunque a lo mejor quede algo por hacer, nunca debe ser lo que los comensales o huéspedes han contratado, bien sea una mesa para comer o una habitación. Si esta fase no se cumple, es probable que las demás ya no salgan como deben, y que la imagen del establecimiento se resienta desde el principio. Las fases de la atención al cliente son:

- **Preparación antes del contacto:** una atención al cliente eficaz en hostelería comienza mucho antes de que el cliente pise el establecimiento. La preparación es esencial para asegurar que, una vez iniciado el contacto, todos los detalles estén bajo control. En primer lugar, esto implica la capacitación constante del personal, que incluye desde el conocimiento profundo sobre los servicios y productos del establecimiento hasta habilidades sociales y de comunicación que garanticen una interacción profesional y empática. Otro aspecto crucial de la preparación es el estado y la presentación del establecimiento. Esto abarca la limpieza, la decoración acorde al tipo y la categoría del servicio ofrecido, el mantenimiento del equipamiento e instalaciones, y la disponibilidad de material promocional o informativo adecuado.

- **Encuentro inicial con el cliente:** el primer encuentro físico o verbal con el cliente puede establecer el tono de toda la experiencia y, por tanto, se debe realizar de manera impecable. La recepción debe estar alineada con las expectativas del cliente y del establecimiento. Para una percepción inmediata positiva, el personal debe demostrar una actitud cortés, amistosa y profesional, ofreciendo una cálida bienvenida que fortalezca la confianza en el servicio que se va a recibir. Además, el uso de preguntas abiertas y la escucha activa son esenciales en esta fase para entender las expectativas y necesidades del cliente. El conocimiento de detalles previos, como el motivo del viaje (negocios o placer), preferencias alimenticias o cualquier necesidad específica reseñada en el proceso de reserva, indica al cliente que su experiencia es personalizada y que el establecimiento está dispuesto a hacer un esfuerzo adicional para su satisfacción.

- **Interacción durante la estancia:** esta fase comprende todas las interacciones y servicios proporcionados durante la estancia del cliente. Los servicios de comida y bebida deben entregarse con eficacia, asegurando calidad y una experiencia gastronómica memorable. El personal debe estar atento a todos los detalles, intentar anticipar necesidades, gestionar los imprevistos o los posibles cambios, y ofrecer alternativas. Todo esto el cliente lo percibe como un trato personalizado y profesional, y es posible gracias a las nuevas tecnologías, que dan la posibilidad de que los clientes interactúen en tiempo real para realizar peticiones, reservas o realizar reseñas y expresar sus opiniones sobre el servicio o el establecimiento.

- **Despedida y cierre de la experiencia:** un cierre adecuado del ciclo de servicio puede dejar una impresión duradera tan significativa como el primer encuentro. La despedida debe ser cordial, amable y debe transmitir gratitud con el cliente por elegir nuestro establecimiento; se debe intentar que el cliente se convierta en un cliente habitual. Para fidelizarlo, hacerle preguntas sobre su estancia, lo que más le ha gustado, lo que mejoraría y sus preferencias nos dará la información necesaria para que la próxima experiencia sea más satisfactoria.
  Este proceso requiere que el personal esté formado y sepa manejar bien la comunicación con el cliente. Además, el personal debe tener desarrolladas habilidades como la gestión de conflictos o la comunicación verbal y no verbal. Asimismo, esta es la etapa ideal para animar al cliente a compartir su experiencia a través de alguna plataforma de reseñas o red social.

- **Seguimiento posterior:** la fase de seguimiento posterior permite a la empresa reafirmar el compromiso con el cliente, con su satisfacción y, además, establecer una relación de fidelización. Hay diferentes formas de fidelizar: a través de un correo de agradecimiento, o enviándole ofertas y promociones que se ajusten a sus necesidades, felicitaciones de cumpleaños y otros intereses. Una buena base de datos es fundamental para personalizar el trato y el servicio a la clientela. Por ejemplo, pensemos en una familia que ha estado alojada en un hotel y que, además, ha utilizado servicios de restauración, de lencería, de spa, la piscina y otros, y que tiene unas necesidades específicas. Si se ha gestionado bien la reserva, han tenido una buena acogida, se han superado sus expectativas durante el servicio y tienen una buena despedida, es muy probable que esa familia vuelva, porque necesitan varios servicios. Si, por el contrario, una comida, cena o desayuno no sale bien, es algo afecta a toda la familia, ya que no tienen mucho tiempo de poder improvisar. Por ello, si un establecimiento les da todos los servicios mejor de lo que esperan, serán unos clientes muy leales.

2.1. Estrategias transversales en las fases de atención

Además del desarrollo sistemático y eficiente de cada fase, existen **estrategias transversales** que el personal de hospedaje debe adoptar para dar un trato y un servicio excepcionales al cliente. Para alcanzar este nivel, las habilidades que se deben desarrollar durante estas fases son, entre otras, las siguientes:

- **Integración de tecnología:** desde motores de reservas en línea hasta aplicaciones móviles para huéspedes, la tecnología bien utilizada optimiza la eficiencia y confiabilidad de los servicios ofrecidos. Para los profesionales del hospedaje, tener una sólida formación en las últimas tecnologías, como el manejo de *software* de programas de fidelización, gestión, etc., es fundamental para dar el servicio, puesto que recogen datos, hacen *check in* y *check out,* reservas, cargos en las habitaciones, cuentas, facturas, búsquedas, correos electrónicos, etc.
- **Excelencia en la comunicación:** formar a los empleados de los hoteles para que comuniquen de manera efectiva y, a la vez, rápida, y sean capaces de resolver cualquier situación crítica con diplomacia y empatía, también es muy importante. La clientela, sobre todo si es de negocios, viene a trabajar y necesita agilidad en la gestión de sus servicios. Por eso es importante ser precisos y muy eficientes a la hora de transmitir información.
- **Enfoque en la personalización:** puede ser interesante usar la información recopilada sobre los clientes para personalizar experiencias, desde las preferencias en los servicios de alimentos hasta las preferencias de habitación.
- **Gestión efectiva del tiempo:** la capacidad de entrega de servicios oportunos y el ajuste de imprevistos son rasgos de una operación hostelera bien gestionada.
- **Implementación de personal motivado:** reclutar, entrenar y motivar al personal comprometido a través de incentivos y de un ambiente de trabajo positivo será crucial para que transmitan la misma alegría y energía en el servicio al cliente.

2.2. Acogida, información, objeciones, despedida, posventa

La atención al cliente en hostelería es un proceso continuo que se despliega a través de múltiples fases, y cada una es fundamental para crear una experiencia positiva y memorable para el cliente. A continuación, veremos en profundidad cada una de estas etapas:

- **Acogida:** la acogida es el primer contacto directo entre el cliente y el establecimiento. Es una etapa esencial que establece el tono de la experiencia del cliente y puede influir significativamente en su percepción del servicio. El objetivo principal de la acogida es hacer que el cliente se sienta bienvenido, importante y confortable desde el primer momento. Para lograr una acogida memorable, es esencial que el personal de atención al cliente muestre una actitud de bienvenida amable y correcta. Esto se puede manifestar a través de un saludo, un contacto visual adecuado, sonrisas auténticas y un lenguaje corporal que denote disponibilidad. Además, recordar el nombre del cliente, si se cuenta con esta información, y utilizarlo durante el saludo puede personalizar aún más la experiencia. Un ejemplo de acogida efectiva podría ser: "¡Bienvenido al Hotel Laguna! Soy María, y estoy aquí para asegurarme de que su estancia sea memorable. ¿Cómo le puedo ayudar hoy?".
- **Información:** proporcionar información clara y precisa es fundamental para empoderar al cliente y que pueda tomar decisiones informadas sobre su experiencia en el establecimiento. Esto incluye la presentación detallada del menú, las ofertas de alojamiento, las actividades recreativas disponibles, y cualquier otra información relevante que pueda enriquecer la estancia del cliente. La capacidad de anticipar las necesidades del cliente es una habilidad invaluable para el personal de hostelería. Debe existir una disposición para responder preguntas de manera eficiente y ofrecer recomendaciones personalizadas, adaptándose a las preferencias y expectativas del cliente. Por ejemplo, supongamos que un cliente se hospeda en un complejo turístico y desea explorar opciones de actividades al aire libre. Un personal atento podría ofrecerle información sobre excursiones locales, rutas de senderismo, alquiler de bicicletas o buceo, basándose en las condiciones climatológicas y la época del año.
- **Objeciones:** durante la fase de objeciones, el personal debe manejar cualquier inquietud o preocupación del cliente con profesionalismo y empatía. Las objeciones suelen ser una oportunidad para mostrar un elevado estándar de servicio al cliente y fortalecer la relación si son gestionadas adecuadamente. Es primordial escuchar activamente al cliente, mostrando interés por entenderle. No dejar de mantener contacto visual y asentir de manera ocasional son formas de demostrar una escucha activa. Por ejemplo, si un cliente se queja sobre el ruido en su habitación, el personal podría decir: "Lamento mucho el inconveniente. Permítame

ofrecerle una habitación diferente en un área más tranquila y, como cortesía, un *upgrade* gratuito para mejorar su experiencia".

⇨ **Despedida:** la despedida es la oportunidad final de dejar una impresión duradera en el cliente porque, además, es la última expresión que el cliente ve, por lo que debe ser gestada con tanto cuidado como la acogida inicial. Durante la despedida, es crucial expresar gratitud por la visita del cliente, alentarlo a que comparta sus comentarios y dejar una puerta abierta para futuras interacciones. Por ejemplo, En este contexto, un personal eficaz podría decir: "Ha sido un placer tenerle con nosotros, Sr. Gómez. Esperamos que haya disfrutado su estancia y estamos ansiosos por recibirlo de nuevo. No dude en contactarnos para cualquier necesidad futura". Por ejemplo, en este contexto, un personal eficaz podría decir: "Ha sido un placer tenerle con nosotros, Sr. Gómez. Esperamos que haya disfrutado su estancia y estamos ansiosos por recibirlo de nuevo. No dude en contactarnos para cualquier necesidad futura".

⇨ **Posventa:** el servicio posventa es una excelente oportunidad para cimentar relaciones y mejorar las opiniones del cliente sobre el establecimiento. Esta fase puede incluir el envío de correos electrónicos de seguimiento para agradecerle su visita, encuestas de satisfacción, promociones especiales para futuras visitas, o un simple recordatorio de eventos próximos que podrían ser de su interés. El objetivo de la posventa es mantener una conexión con el cliente, evaluar áreas de mejora a través de sus opiniones y, en última instancia, convertir clientes satisfechos en embajadores del establecimiento. Una estrategia posventa eficaz podría involucrar el envío de contenido personalizado y relevante que sea útil o atractivo para el cliente, como recetas de cocina del restaurante del hotel, consejos de viaje, o la publicación de logros del establecimiento.

2.3. Aplicación de la técnica AIDA en hostelería

La industria de la hostelería es un sector sumamente competitivo, donde las experiencias memorables y un servicio excepcional son ingredientes clave para el éxito. En este contexto, entender y aplicar estrategias efectivas de atención al cliente es esencial. Una de las técnicas más conocidas en el ámbito del *marketing*, y que se puede adaptar eficazmente a la hostelería, es el modelo AIDA. Este modelo (que destaca el proceso de atención, interés, deseo y acción) puede ser utilizado para optimizar la manera en que se interactúa con los clientes, mejorando así su satisfacción y fomentando la lealtad hacia la marca. A continuación, se detalla cómo cada etapa de la técnica AIDA puede ser aplicada y adaptada en el entorno de la hostelería para maximizar el impacto positivo en el cliente.

Atención

La primera etapa del modelo AIDA se centra en captar la atención del cliente. Una manera efectiva de hacerlo es mediante la creación de una fuerte presencia visual y un ambiente atractivo tanto en la publicidad como en el establecimiento físico. El diseño del espacio físico también juega un papel crucial. Un hotel puede llamar la atención mediante una decoración única y llamativa del *lobby,* mientras que un restaurante puede emplear iluminación y música para crear un ambiente especial que capte la atención de los clientes que pasen por la puerta.

 EJEMPLO

Los hoteles pueden destacar en plataformas *online* con fotografías de alta calidad que muestren sus instalaciones; paralelamente, un restaurante puede disponer de una página web que ofrezca imágenes tentadoras de sus platos junto con un diseño visualmente atractivo.

Interés

En un hotel, según las necesidades del cliente, captar su interés puede lograrse mediante la presentación de habitaciones temáticas, servicios personalizados como un *spa* o actividades de ocio únicas que se destaquen en el momento del registro o en la interacción en línea. Si hablamos de un restaurante, el interés del cliente puede incrementarse mediante una carta de menú innovadora que ofrezca combinaciones de sabores sorprendentes o ingredientes locales distintivos que el comensal no encuentre en otro lugar.

Las estrategias de comunicación con el cliente también son esenciales para mantener su interés. Un ejemplo efectivo sería la atención a los detalles en el momento de explicar una oferta, subrayando cómo se personaliza para beneficiar al cliente.

👁 EJEMPLO

En la foto se puede ver un bufet estilo hindú, que es mucho más llamativo por su decoración que si fuera un bufet normal con alimentos clásicos de Oriente Medio.

"Elegante bufet de temática hindú, con postres, torres de dátiles y decoraciones de mezquitas doradas".

Deseo

El siguiente paso en el modelo AIDA es **suscitar el deseo del cliente.**

En la hostelería, resulta efectivo enfocar las estrategias de *marketing* y servicio en transmitir la exclusividad y singularidad de la experiencia que se brinda. En un hotel, el deseo se puede avivar llevando a cabo acciones personalizadas para cada huésped.

En los restaurantes, una forma de generar deseo por parte del cliente es a través de un servicio impecable al comensal y de una presentación de los platos que los eleve a nivel artístico. Además, ofrecer degustaciones adicionales o personalizaciones del menú de acuerdo con sus preferencias puede incrementar su deseo por volver a probar las ofertas del establecimiento.

👁 EJEMPLO

En los hoteles, al conocer detalles del cliente, se le pueden ofrecer paquetes especiales que continúen su experiencia para que sienta que esta ha sido diseñada exclusivamente para él. Se pueden dejar detalles en su habitación, como una botella de cava porque un cliente celebre un aniversario, o una cesta de frutas porque es una buena clienta de empresa, bombones de bienvenida, agua, etc.

Acción

Finalmente, la última etapa del modelo AIDA es incitar al cliente a la acción deseada, que en el caso de la hostelería podría manifestarse a través de la reserva de una habitación, realizar una reserva en un restaurante, o incluso registrarse para un evento exclusivo.

Una técnica muy utilizada para inducir a la acción es el **uso de llamadas a la acción (CTA)** explícitas y directas en todos los puntos de contacto del cliente.

 EJEMPLO

En una página web, un botón claro y atractivo que diga **Reserva ahora,** acompañado por una oferta especial limitada, puede motivar al cliente a llevar a cabo la acción. En el contacto directo, el personal capacitado puede potenciar este impulso ofreciendo confirmar la reserva en el momento, con incentivos por realizarlo directamente durante su visita o consulta.

 TAREA 4

En el Hotel Mediterráneo tenemos buenos clientes de empresa y también estamos en plena temporada de bodas y banquetes. Como acabamos de abrir, queremos que cada cliente y cada grupo sientan que la atención que les brindamos es totalmente exclusiva y personalizada. Además, queremos que esos posibles clientes que visitan nuestra web, o que han llamado interesados por nuestro establecimiento, nos acaben eligiendo y hagan la reserva con nosotros. Para lograrlo, tenemos que buscar formas de captar su atención con promociones, ofertas, regalos, atenciones... y debemos seguir el método AIDA.

Por un lado, tenemos clientes interesados que vienen de una empresa que quiere contratar habitaciones todo el año para sus empleados, y ahora necesitan un salón para un evento y las habitaciones para los asistentes.

Por otro lado, tenemos clientes que van a celebrar San Valentín y algunos aniversarios, y que se quedarán a pasar la noche, lo que incluye el desayuno en la misma habitación.

Siguiendo el método AIDA, clasifica a los clientes y las estrategias a seguir para conseguir que hagan la reserva en todo lo que les ofrecemos.

Continúa en página siguiente >>

<< Viene de página anterior

Puedes utilizar el mismo orden que has visto en el contenido y guiarte por estas indicaciones que te damos a continuación:

- Atención: teniendo en cuenta que la atención empieza por el ambiente y el entorno físico, si van a comer en el restaurante deberás ofrecer distintos salones a las parejas que a los clientes de empresa. Define la decoración y el ambiente de cada uno.
- Interés: debes suscitar el interés de cada grupo de clientes proporcionando los productos o servicios que se ajusten a sus necesidades, y adaptar menús y ambientes a los dos tipos de clientes.
- Deseo: en función también del tipo de cliente, deberás decorar las habitaciones de un modo u otro.
- Acción: en esta etapa tendremos que ofrecer en nuestra página web algo atractivo, una oferta o promoción para cada cliente, para que así se animen a hacer la reserva cuanto antes. Hay un montón de servicios que puede ofrecer un hotel dependiendo del perfil.

3. Aplicación del decálogo de las pautas fundamentales en la atención eficaz al cliente

☞ HILO CONDUCTOR

Pedro, el supervisor de atención al cliente del hotel Mediterráneo, quiere que su equipo entienda que hay que seguir unos pasos para que la atención al cliente sea completa. Para ello, define una serie de pasos que marcan las líneas generales del proceso de atención al cliente que el hotel quiere establecer, y que toda la plantilla debe seguir para mantener unos estándares de calidad altos, donde los mínimos superen las expectativas del cliente y marquen una ventaja competitiva con respecto a los demás hoteles de la zona.

En el mundo de la hostelería, la atención al cliente representa uno de los aspectos más esenciales para el éxito de cualquier establecimiento. La experiencia que un cliente obtiene durante su visita no solo afecta su satisfacción inmediata, sino que también influye en sus decisiones futuras y en la recomendación del establecimiento a otros potenciales clientes. Por lo tanto, **implementar eficazmente un decálogo de pautas** fundamentales es crucial para garantizar una atención al cliente de calidad.

Mapa conceptual de todo lo que implica la buena atención al cliente

3.1. Desarrollo de las pautas del decálogo con la técnica AIDA en la atención al cliente

A continuación, te mostramos el decálogo, que se compone de diferentes pautas que nos servirán de guía para dar una atención al cliente ordenada; es decir, por dónde empezamos a comunicarnos con el cliente y las habilidades que debemos utilizar durante el servicio para ser más correctos, así como las que debemos destacar para la despedida y el posterior seguimiento de la experiencia del cliente:

- **Saludo cortés y personalizado:** el primer contacto con el cliente es determinante. Un saludo amistoso, acompañado del uso del nombre del cliente cuando sea posible, crea una atmósfera acogedora y personalizada.
- **Escucha activa:** tomarse el tiempo para escuchar sin interrumpir, asintiendo y manteniendo contacto visual, hace que el cliente se sienta valorado y entendido.
- **Empatía y comprensión:** mostrar empatía hacia las necesidades y expectativas del cliente crea una conexión más humana.
- **Información clara y concisa:** la capacidad de proporcionar información precisa y clara es esencial. Esto implica conocer en profundidad los servicios y productos ofrecidos por el establecimiento. Asegurarse de que

la comunicación sea directa y evitar jerga técnica que podría confundir al cliente es crucial.

⮑ **Solución proactiva de problemas:** la habilidad para prevenir problemas antes de que ocurran y abordar cualquier inconveniente de manera rápida y eficiente mejora la percepción del cliente. Si un cliente expresa insatisfacción con su comida, ofrecer una solución rápida (como preparar un nuevo plato o ajustar la factura) demuestra compromiso hacia su bienestar.

⮑ **Apariencia y presentación:** la primera impresión cuenta, especialmente en la hostelería. El personal debe presentarse limpio, ordenado, con uniformes adecuados y una postura corporal amistosa y profesional. Esto también se extiende al mantenimiento de las instalaciones del establecimiento.

⮑ **Rapidez y eficiencia:** entender las necesidades de tiempo del cliente y responder con rapidez aumenta la satisfacción. Esto no solo se refiere al servicio expedito de comidas y bebidas, sino también a la gestión de otros requerimientos, como la toma de reservas y las respuestas a preguntas.

⮑ **Comunicación positiva:** utilizar un lenguaje positivo resalta los aspectos favorables del servicio y mantiene una atmósfera agradable.

⮑ **Cierre positivo y despedida:** igual que el saludo, una despedida cálida y personal deja una impresión positiva final. Agradecer al cliente por su visita y expresarle que siempre será bienvenido puede trasformar una experiencia buena en excelente.

⮑ **Seguimiento y retroalimentación:** es importante involucrarse con el cliente después de su visita a través de encuestas, correos electrónicos de agradecimiento o programas de fidelización. Estas acciones no solo sirven para mostrar interés continuo, sino que también proporcionan información valiosa sobre áreas de mejora.

Implementar estos diez principios en cada interacción con el cliente asegura un servicio de hostelería de alta calidad y humaniza la experiencia de consumo. La clave del éxito es adaptarse a las necesidades y expectativas individuales siguiendo estas pautas. Es decir, cada cliente tiene unas necesidades de servicio específicas, pero también diferentes necesidades a la hora de comunicarse con él, de modo que, si seguimos este decálogo y lo adaptamos a cada situación y a cada cliente, nos puede servir como guía y, además, no bajamos la calidad en la atención al cliente ni en el servicio.

También es importante integrar el decálogo con la técnica AIDA, porque así se logra no solo captar la atención de los clientes, sino también guiar su experiencia de manera que evolucione desde el interés hasta la acción y la posterior satisfacción.

PARA SABER MÁS

Para que entiendas un poco mejor este sistema, te vamos a poner un ejemplo de la técnica AIDA aplicada a los restaurantes, que puede potenciar el compromiso de los clientes y atraer a más público poniendo el foco en las fases: atención, interés, deseo y acción.

En esta página, además de ponerte un ejemplo, te muestran una plantilla de IA que puede ser muy útil porque introduces las características de tu restaurante (el tipo de gastronomía, la decoración y otras cosas que quieras destacar) y te hace la plantilla. Puedes hacer la prueba desde aquí.

https://redirectoronline.com/hotr010201

APLICACIÓN PRÁCTICA

En el Hotel Mediterráneo hay personas de la plantilla que son nuevas. Tú eres un compañero con experiencia y te han encargado la tarea de reforzar las expresiones correctas que deben usar tus compañeros. Como quieres estar seguro de que lo han entendido, les pones unos ejemplos correctos e incorrectos para que entiendan bien el concepto e integren esas expresiones cuando atiendan a la clientela. ¿Cuáles de las siguientes expresiones son correctas al atender a los clientes en el Hotel Mediterráneo y cuáles deberían modificarse para ofrecer un servicio más profesional y cordial?

a. **"Buenos días, señor García, bienvenido a nuestro restaurante, ¿cómo le podemos asistir hoy?".**
b. **Si un cliente menciona que es alérgico a ciertos ingredientes, debemos responder con comprensión: "Lo comprendo totalmente,**

Continúa en página siguiente >>

<< Viene de página anterior

tomaremos todas las precauciones necesarias para asegurar que su experiencia sea segura y placentera".

c. **Si un cliente quiere entrar a comer y nos pregunta si tenemos mesa y no tenemos, le contestamos: "No hay mesa, lo siento".**

d. **"Nuestro menú especial del día es un plato de risotto al azafrán con setas frescas".**

e. **"Será un placer ofrecerle una mesa cerca de la ventana con una vista fantástica".**

f. **Si el cliente nos dice que lo que ha pedido de entrante en el restaurante no le gusta y lo quiere cambiar, le decimos: "No se lo podemos cambiar, tiene que elegir otro plato que también se le cobrará con la cuenta".**

Solución

a. Es correcta porque cumple con el decálogo, es decir, con el saludo cortés y la disposición a escuchar cuando les preguntamos en qué les podemos ayudar.

b. Es correcta la expresión porque cumple también con el decálogo, ya que usamos las habilidades de la escucha activa, la empatía, le damos información clara y concisa e intentamos solucionar el problema.

c. No es una expresión correcta porque no aplicamos ninguna habilidad, ni mostramos empatía, ni ofrecemos alternativas ni expresamos ningún tipo de interés en que se queden.

d. Es correcta, porque damos toda la información del *risotto,* es decir, aplicamos la habilidad del decálogo de dar información clara y concisa.

e. Es correcta la expresión porque somos cordiales y amables, tenemos una comunicación positiva y somos rápidos y eficientes en darle un buen sitio.

f. En este caso, no es una expresión correcta porque estamos siendo negativos, poco flexibles, tajantes, no estamos dando soluciones ni alternativas, y tampoco nos disculpamos, es decir, todo lo contrario a lo que pone en el decálogo que debemos seguir.

3.2. Captar la atención del cliente

Tras haber abordado, en el apartado previo, el decálogo de las pautas fundamentales para una atención eficaz al cliente, es esencial ahora centrarnos en cómo captar y mantener su atención desde su llegada al establecimiento hasta su partida. Este proceso es vital, no solo para garantizar una experiencia satisfactoria, sino también para establecer relaciones duraderas y generar fidelización. Para captar la atención de un cliente, es fundamental entender los factores clave que influyen en su comportamiento y decisiones:

- **Entorno físico:** el ambiente del establecimiento es crucial. Un diseño bien pensado que incluya iluminación adecuada, buena disposición de los elementos y una decoración atractiva contribuye a crear un ambiente que invite al cliente a quedarse. La limpieza y el orden son igualmente vitales para generar una primera impresión positiva.
- **Atención personalizada:** los clientes valoran ser reconocidos y tratados como individuos únicos. La personalización en el trato, como recordar su nombre o sus preferencias de servicios, puede marcar una notable diferencia en la experiencia del cliente.
- **Calidad del servicio:** un servicio de alta calidad es una expectativa básica. Sin embargo, se debe ir más allá de lo esperado; esto significa ofrecer asistencia que sea rápida, eficiente y que resuelva las necesidades del cliente antes incluso de que este las exprese.
- **Innovación en la oferta:** innovar en la oferta de productos y servicios es un excelente método para captar atención. La inclusión de menús temáticos, promociones especiales o experiencias únicas puede hacer que el cliente mantenga su interés y su curiosidad.
- **Interacción emocional:** crear una conexión emocional con el cliente puede ser un diferenciador significativo. Esto se logra a través de empleados que transmitan entusiasmo, calidez y una actitud de servicio sincera.

Estrategias para captar la atención del cliente

Una vez comprendidas las bases, es vital implementar estrategias concretas que aseguren la captación de la atención del cliente, dichas estrategias serán explicadas son explicadas a continuación.

Comunicación efectiva desde el inicio

La primera interacción del cliente con el establecimiento, ya sea en persona, por teléfono o a través de plataformas digitales, debe ser clara, amigable y con un tono acogedor. La primera impresión cuenta enormemente y puede establecer el tono para el resto de la experiencia del cliente.

 **EJEMPLO**

Al responder una llamada telefónica para una reserva, el personal debería decir, por ejemplo: "Buenas tardes, gracias por llamar a [nombre del establecimiento], ¿en qué puedo asistirle hoy?". Esta comunicación inicial debe ser clara, con un tono cálido y mostrando disposición total para ayudar.

Uso de tecnologías y plataformas digitales

Hoy en día, el uso de tecnología es un medio poderoso para captar la atención. Un sitio web atractivo, perfiles activos en redes sociales y un sistema de reservas en línea eficiente pueden ser determinantes para la decisión de un cliente de elegir un establecimiento sobre otro.

 **EJEMPLO**

Muchos restaurantes y hoteles ahora utilizan aplicaciones móviles para que los clientes puedan ver el menú, reservar mesas o habitaciones, y recibir notificaciones sobre eventos especiales o promociones.

Capacitación constante del personal

Para que cualquier estrategia tenga éxito, el personal debe estar adecuadamente capacitado. Esto incluye no solo habilidades técnicas propias de su rol, sino también habilidades blandas que fomenten una actitud proactiva y empática hacia los clientes.

 **EJEMPLO**

Organizar talleres regulares para mejorar las habilidades interpersonales del personal, como la escucha activa, la gestión del estrés y la resolución de conflictos, es fundamental.

Implementación de programas de fidelización

Los programas de fidelización no solo son herramientas para retener a los clientes existentes, sino también para captar su atención mediante incentivos atractivos. Ofrecer descuentos exclusivos, puntos de recompensa o accesos anticipados a eventos puede mantener a los clientes interesados y leales.

 EJEMPLO

Una tarjeta de lealtad que ofrece una comida gratuita después de diez visitas puede motivar al cliente a regresar.

 ACTIVIDAD COMPLEMENTARIA

4. Repasa los factores y los ejemplos que te hemos indicado, y buscar en las redes los siguientes ejemplos de programas de fidelización:

- · Compañía aérea
- · Cadena hotelera
- · Cadena de comida rápida

A continuación, comenta qué añadirías a cada programa para conseguir que los clientes se conviertan en clientes fijos.

Los sentidos como herramienta para captar atención

Nuestra percepción del entorno está fuertemente influenciada por nuestros sentidos. En la hostelería, utilizar los sentidos para captar la atención del cliente es una estrategia eficaz. Te lo mostramos a continuación:

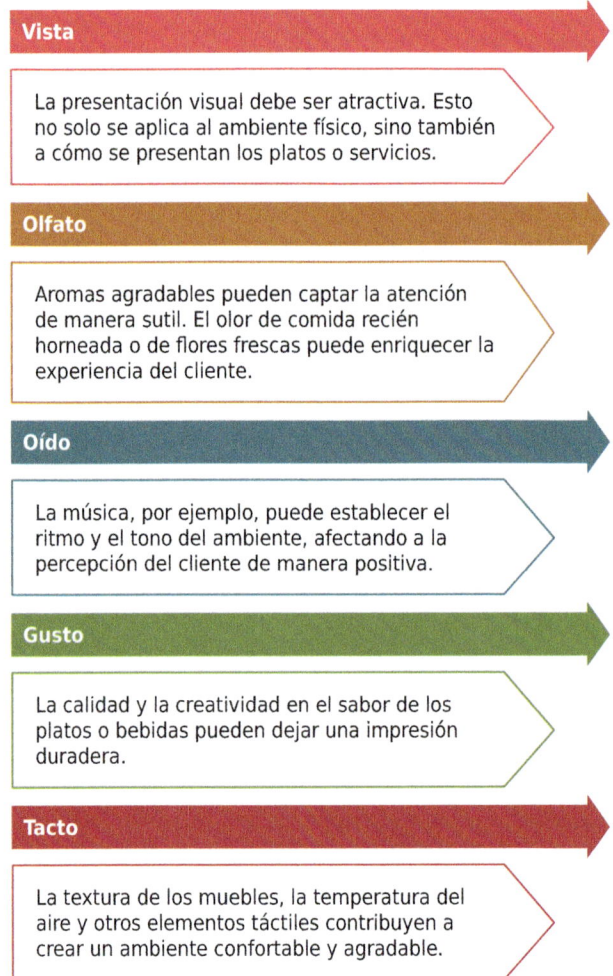

Vista

La presentación visual debe ser atractiva. Esto no solo se aplica al ambiente físico, sino también a cómo se presentan los platos o servicios.

Olfato

Aromas agradables pueden captar la atención de manera sutil. El olor de comida recién horneada o de flores frescas puede enriquecer la experiencia del cliente.

Oído

La música, por ejemplo, puede establecer el ritmo y el tono del ambiente, afectando a la percepción del cliente de manera positiva.

Gusto

La calidad y la creatividad en el sabor de los platos o bebidas pueden dejar una impresión duradera.

Tacto

La textura de los muebles, la temperatura del aire y otros elementos táctiles contribuyen a crear un ambiente confortable y agradable.

3.3. Recibir al cliente con amabilidad y cortesía

La bienvenida es uno de los momentos más importantes en la interacción con el cliente en el sector de la hostelería. Un saludo adecuado puede marcar la diferencia entre una experiencia estándar y una experiencia memorable. La recepción amable, cortés y profesional refleja los valores y la calidad del establecimiento, generando una primera impresión positiva que sienta las bases para el resto de la interacción. Además, tiene el potencial de hacer que el cliente se sienta valorado y apreciado desde el primer momento.

La sonrisa puede cambiar completamente la percepción del cliente sobre nosotros y, teniendo en cuenta que la primera impresión es crucial, la diferencia entre decir unas palabras amables sonriendo o frunciendo el ceño es total.

 PARA SABER MÁS

En este enlace, esta consultora especializada en servicios te explica la importancia de la sonrisa en la atención al cliente presencial. Accede desde aquí.

https://redirectoronline.com/hotr010202

Procedimiento para recibir al cliente

Elementos clave de una recepción amable y cortés pueden ser una sonrisa genuina, mantener el contacto visual, una postura corporal positiva sin cruzar los brazos, un saludo verbal apropiado y un uso adecuado del lenguaje. El lenguaje debe ser claro, conciso y comprensible, siempre demostrando respeto y disposición para atender cualquier necesidad o inquietud que el cliente pueda tener. En este gráfico puedes ver las etapas del procedimiento de la atención al cliente:

1. **Preparación:** antes de que el cliente llegue al establecimiento, el personal debe estar debidamente preparado. Esto incluye el conocimiento de las reservas del día, la disposición del espacio, y la certeza de que todos

los empleados están listos para comenzar su turno. Una preparación adecuada ayuda a anticiparse a las necesidades de los clientes y, por lo tanto, a que su recepción sea eficiente y sin contratiempos.

2. **Bienvenida:** cuando el cliente entra en el establecimiento, debe ser bienvenido casi de manera inmediata. Recuperando técnicas de apartados anteriores, captar la atención del cliente de manera sutil supone hacer un contacto visual inicial, seguido de un saludo verbal apropiado. Cada cliente debe ser tratado como un invitado especial, asegurándose de que el momento de su llegada sea percibido como positivo desde el comienzo.

3. **Ofrecimiento de asistencia:** preguntar al cliente si necesita asistencia es crucial, ya que muestra preocupación por su comodidad y disfrute. Este paso puede implicar ofrecer información sobre los servicios disponibles, guiar al cliente a sus asientos, u ofrecer un recorrido por las instalaciones, dependiendo del tipo de negocio.

4. **Muestra de interés y personalización del servicio:** hacer preguntas abiertas muestra al cliente que estamos interesados en atender sus necesidades únicas. Esto se puede lograr preguntándole si visita por primera vez el establecimiento o si celebra algún evento especial. Cada interacción brinda una oportunidad para sorprender al cliente con un servicio personalizado y anticiparse.

 ## PARA SABER MÁS

En la hostelería, no basta con satisfacer las expectativas del cliente; el objetivo es superarlas. Por ejemplo, ofrecer una bebida de bienvenida u obsequiar con un detalle especial a los clientes frecuentes. Estas estrategias no solo demuestran la dedicación al cliente, sino que también contribuyen a crear una percepción positiva que trasciende la experiencia y fomenta el boca a boca positivo. En este artículo ofrecen una serie de claves interesantes para dar la bienvenida en un hotel. Accede desde aquí.

https://redirectoronline.com/hotr010203

3.4. Capacidad de escucha

La capacidad de escuchar es una habilidad crucial en cualquier sector que implique una interacción constante con el público, especialmente en la hostelería. Esta habilidad es una parte esencial del servicio al cliente, ya que no solo influye en la satisfacción del cliente, sino que también contribuye al éxito general del establecimiento. Después de recibir al cliente con amabilidad y cortesía, como se detalló en el apartado anterior, el siguiente paso lógico en las fases de la atención al cliente en hostelería es desarrollar y aplicar habilidades de escucha efectivas.

Escuchar activamente es fundamental en hostelería por varias razones. Principalmente, permite a los empleados comprender mejor las necesidades y expectativas de los clientes. Cuando un cliente se siente escuchado, la experiencia general tiene más probabilidades de ser satisfactoria, lo que, a su vez, puede conducir a mejores críticas y mayor fidelidad. Además, la capacidad de escuchar ayuda a resolver problemas de manera más efectiva. En el caso de que haya una queja o una inquietud, los clientes desean sentirse comprendidos y apreciados.

Finalmente, la **escucha efectiva** también mejora la comunicación interna entre el personal, lo que, a su vez, repercute en un servicio al cliente más consistente y fluido.

Camarero escuchando con atención lo que los clientes quieren saber sobre la carta

Tipos de escucha

Es importante distinguir entre los distintos tipos de escucha para desarrollar la capacidad más adecuada dentro del contexto de la hostelería. Consideramos tres tipos de escucha importantes:

- **Escucha activa:** es el tipo de escucha más pertinente en hostelería. Implica prestar atención plena y consciente al cliente, esforzándose por entender no solo el mensaje explícito, sino también las emociones y contextos subyacentes. Esto puede incluir el uso de señales verbales y no verbales, como asentir con la cabeza para mostrar comprensión, o mantener contacto visual para asegurar al cliente que se le está prestando atención.
- **Escucha reflexiva:** implica procesar la información recibida, considerando sus implicaciones, antes de ofrecer una respuesta. Este tipo de escucha es útil cuando se manejan solicitudes complejas o quejas donde es vital comprender el problema desde varios ángulos antes de actuar. Por ejemplo, cuando un grupo grande llega a un hotel y tiene peticiones específicas sobre sus habitaciones, la escucha reflexiva puede ayudar a comprender el panorama completo para ofrecer una solución que aborde todas las necesidades.
- **Escucha empática:** este tipo de escucha se centra en conectar emocionalmente con el cliente. La escucha empática implica entender las emociones detrás del mensaje. Es especialmente útil en situaciones de quejas o cuando los clientes expresan frustración o insatisfacción. Mostrar empatía puede desescalar situaciones tensas y ayudar a reconstruir la relación con el cliente. Por ejemplo, cuando un huésped de hotel expresa molestia por ruidos exteriores, el personal que responde empáticamente puede aliviar su frustración abordando el problema de manera que el cliente sienta que sus sentimientos se han reconocido y valorado.

3.5. Dominio del lenguaje verbal

En la industria de la hostelería, donde la atención al cliente es primordial, el dominio del lenguaje verbal se erige como una habilidad imprescindible. Este apartado abordará con detenimiento la importancia de manejar eficazmente el lenguaje verbal en el contexto de la atención al cliente, ofreciendo estrategias y herramientas para perfeccionar esta competencia esencial. Complementando lo aprendido sobre la capacidad de escucha, discutiremos cómo el lenguaje verbal no solo comunica, sino que también establece relaciones de confianza, resuelve problemas y genera experiencias memorables para los clientes.

Para dominar el lenguaje verbal en hostelería, es crucial comprender los diferentes elementos que entran en juego:

- **Precisión y claridad:** las comunicaciones claras y precisas evitan malentendidos. Cuando un cliente pregunta sobre un menú o sobre los servicios ofrecidos, las respuestas deben ser fácilmente comprensibles, eliminando cualquier posible ambigüedad. Por ejemplo, cuando describimos un plato, mencionar claramente los ingredientes y los detalles importantes (como las alergias) es esencial.
- **Tono de voz:** el tono en que se comunica juega un papel vital. Un tono cálido y amigable invita al diálogo, mientras que un tono impersonal puede alejar a los clientes. Aprender a ajustar el tono según la situación —más profesional en ocasiones formales y más relajado en ambientes casuales— es una habilidad que debe desarrollarse.
- **Velocidad y ritmo:** hablar demasiado rápido puede abrumar a los clientes, mientras que un ritmo demasiado lento puede frustrar. Encontrar el equilibrio adecuado facilita la comprensión y mejora la comunicación efectiva.
- **Lenguaje corporal complementario:** aunque el enfoque aquí es el dominio del lenguaje verbal, el lenguaje corporal complementa y refuerza la comunicación verbal. Gestos congruentes, contacto visual adecuado y una postura abierta refuerzan el mensaje que se desea transmitir.

 ACTIVIDAD COMPLEMENTARIA

5. Imagina que debes comunicarle a un cliente que su habitación está sucia y ofrecerle diferentes soluciones sin que el cliente se sienta decepcionado. Además, esto no debe suponer un coste adicional para este cliente. Busca en internet las diferentes opciones que se le ofrecen a un cliente cuando se presenta este problema.

Creación de una cultura de comunicación verbal positiva

Iniciativas como **reuniones regulares** para que el personal comparta experiencias de interacción con clientes, y premie aquellas que ejemplifican un uso sobresaliente del lenguaje verbal, fomentan una cultura donde todos los empleados se sienten responsables y orgullosos de sus habilidades de comunicación.

IMPORTANTE

La industria de la hostelería, profundamente centrada en la experiencia del cliente, se beneficia enormemente de un personal que posee un dominio del lenguaje verbal. No solo afecta a la manera en que los clientes perciben el servicio recibido, sino que también tiene un impacto directo en la lealtad del cliente, la reputación de la marca y el éxito empresarial a largo plazo.

3.6. Dominio del lenguaje no verbal

El dominio del lenguaje no verbal es una habilidad esencial en el ámbito de la atención al cliente en hostelería. Mientras que el lenguaje verbal se centra en las palabras que elegimos, el lenguaje no verbal se refiere a una amplia gama de **señales** que empleamos para comunicarnos y que conforman una parte significativa de la interacción humana. Para los profesionales de la hostelería, comprender y dominar estos aspectos no verbales puede marcar una notable diferencia en la calidad del servicio al cliente.

Este tipo de lenguaje incluye elementos como la expresión facial, la postura corporal, los gestos, el contacto visual y el uso del espacio personal. Todos estos elementos ofrecen información valiosa sobre el estado emocional de las personas, sus intenciones y pensamientos, muchas veces sin que seamos conscientes de ello.

Expresiones faciales, posturas de manos y movimientos corporales que comunican emociones y actitudes sin necesidad de palabras, como alegría, sorpresa, duda o interés. Esta imagen resalta la importancia de la comunicación no verbal en la interacción diaria y profesional.

Estrategias para mejorar el lenguaje no verbal

Para dominar el lenguaje no verbal en la atención al cliente, los profesionales de la hostelería pueden seguir las siguientes estrategias:

Desarrollar la autoconciencia
- La autoconciencia es clave en la comunicación no verbal: ser consciente de las propias expresiones faciales, posturas y gestos ayuda a regularlos de manera eficaz durante las interacciones.

Observar interacciones exitosas
- Observar a otros profesionales de la hostelería que manejan exitosamente la comunicación no verbal puede ofrecer valiosas lecciones sobre el uso efectivo de estas herramientas.

Formación y desarrollo continuo
- Participar en talleres y formaciones sobre habilidades interpersonales y comunicación no verbal puede afianzar el entendimiento y la aplicación de estos recursos.

Solicitar retroalimentación
- Obtener retroalimentación de colegas y clientes permite captar áreas de mejora que tal vez no sean evidentes de manera instantánea.

◉ EJEMPLO

Un cliente insatisfecho expresa su descontento verbalmente por la tardanza en el servicio. Aunque sus palabras puedan ser recias, si el personal presta atención a su postura o a su tono de voz quebrado, puede detectar que la frustración es más por una razón externa o un mal día que por la propia queja directa hacia el servicio. En tales casos, mostrando empatía a través del contacto visual compasivo, un lenguaje corporal abierto y una voz calmada, el personal puede desarmar el conflicto y transformar una experiencia negativa en una oportunidad de fidelización de clientes.

3.7. Utilización de la sonrisa

La sonrisa es una herramienta poderosa y versátil en el ámbito de la atención al cliente en hostelería. Aunque a menudo es subestimada, la sonrisa tiene el poder de transformar interacciones cotidianas en experiencias memorables para los clientes. No solo refleja cortesía y profesionalismo, sino que también transmite calidez, generando un ambiente acogedor que puede influir positivamente en la percepción general de los servicios ofrecidos. A continuación, comprobarás cómo influye en la comunicación con el cliente:

- **El impacto psicológico de la sonrisa:** desde un punto de vista psicológico, la sonrisa tiene un efecto contagioso, y eleva el ánimo de las personas alrededor. Cuando un huésped es recibido con una sonrisa genuina, se rompe cualquier barrera inicial de ansiedad o escepticismo y se crea una conexión inmediata y positiva. Una sonrisa no solo comunica amabilidad, sino que también es un indicativo de que el cliente es bienvenido y valorado, lo que puede aumentar su satisfacción y predisposición hacia el establecimiento.
- **La sonrisa como parte del lenguaje no verbal:** la sonrisa es un componente esencial de esta forma de comunicación. No se trata solo de mover los músculos del rostro; la autenticidad detrás de una sonrisa es crucial. Una sonrisa forzada puede ser fácilmente detectada por clientes, lo que podría dar lugar a una experiencia negativa. La clave está en la congruencia entre el mensaje aparente y las emociones internas del empleado.
- **La sonrisa en la experiencia del cliente:** la sonrisa del personal es frecuentemente una de las primeras interacciones que los clientes tienen al llegar a un establecimiento. Este simple gesto puede funcionar como una estrategia de diferenciación en un mercado tan competitivo como el de la hostelería. Pero, ¿cómo asegurarse de que las sonrisas de los empleados contribuyan a una experiencia de cliente memorable?
  Los programas de capacitación en atención al cliente pueden enfatizar el valor de las sonrisas auténticas y ayudar a entender cómo estas pueden influir en la percepción de calidad de los servicios prestados.
- **Beneficios de la sonrisa para el personal:** por último, vale la pena destacar los beneficios que la sonrisa aporta al mismo personal. Cuando los empleados sonríen con frecuencia, no solo mejoran el ambiente para los clientes, sino que también experimentan un sentido de satisfacción laboral. Las sonrisas pueden desatar una serie de efectos positivos en el entorno laboral, desde mejorar la comunicación interna hasta aumentar los niveles de energía y entusiasmo dentro del equipo.
- **Desafíos y consideraciones:** aunque la sonrisa es una herramienta efectiva, también presenta desafíos. En primer lugar, el esfuerzo constante por mantener una sonrisa, especialmente en situaciones difíciles,

puede resultar agotador para el personal. Aquí entra el criterio de la empatía y la inteligencia emocional; es fundamental proporcionar al personal las herramientas y el apoyo necesarios para que puedan gestionar sus emociones y niveles de estrés, garantizando que sus sonrisas no desaparezcan con el tiempo.

Además, una formación apropiada sobre cuándo y cómo sonreír puede ayudar a evitar malentendidos culturales. Por ejemplo, en ciertas culturas, las sonrisas excesivas o automáticas pueden ser interpretadas como falta de sinceridad.

 PARA SABER MÁS

Numerosos estudios han demostrado que las sonrisas pueden fomentar la confianza y el entendimiento mutuo. En el contexto de la hostelería, esto es especialmente valioso. Por ejemplo, un cliente que llega exhausto después de un largo viaje podría sentirse revitalizado y mejor atendido si es recibido por personal sonriente. De hecho, el poder de la sonrisa está respaldado por la neurociencia: cuando sonreímos, nuestro cerebro libera endorfinas, neurotransmisores que promueven sentimientos de felicidad y bienestar.

En este artículo nos dan más información interesante sobre cómo pueden mejorar los resultados simplemente con sonreír a la clientela. Accede desde aquí.

https://redirectoronline.com/hotr010204

3.8. Cuando sea posible, utilización del nombre del cliente

En el ámbito de la hostelería, la personalización de la atención al cliente representa un factor determinante en la percepción de la calidad y en la fidelización del cliente. Después de haber explorado el poder y la calidez de la sonrisa, como piedra angular en la atención al cliente, abordamos otro elemento crucial en el arte de la interacción humana: el **uso del nombre del cliente.** Este apartado examina cómo, cuándo y por qué utilizar el nombre del cliente puede enriquecer la experiencia del servicio y consolidar la relación con los huéspedes.

El significado profundo de utilizar el nombre propio radica en la necesidad inherente de ser reconocidos y valorados. En un entorno repleto de interacciones impersonales y automatizadas, el nombre propio devuelve la experiencia al ámbito personal. Bien utilizado, puede ser el toque distintivo que diferencie una experiencia estándar de una inolvidable.

Existen algunas ventajas de personalizar la interacción mediante el uso del nombre, y son las siguientes:

- **Incremento del compromiso emocional:** cuando se menciona a una persona directamente por su nombre, se incrementa el sentido de pertenencia y la conexión emocional. Este gesto sencillo induce un sentimiento de intimidad y consideración que mejora significativamente la experiencia del usuario.
- **Mejora en la percepción del servicio:** el uso del nombre indica al cliente que está siendo debidamente atendido y considerado en el servicio ofrecido, lo cual puede aumentar la percepción de calidad del servicio.
- **Fidelización del cliente:** clientes que se sienten valorados y reconocidos son más propensos a regresar. Un nombre no es solo una etiqueta; es el puente a relaciones duraderas y leales.
- **Efecto de diferenciación competitiva:** en un mercado saturado, donde las ofertas y servicios pueden parecer indistinguibles, la relación personalizada basada en el reconocimiento por nombre es un factor diferenciador significativo.
- **Facilitación de la resolución de conflictos:** mencionando el nombre del cliente se pueden eliminar tensiones durante momentos críticos, humanizando el trato y construyendo un ambiente más empático.

 **APLICACIÓN PRÁCTICA**

Imagina que eres el director de un hotel y te das cuenta de que en tu equipo hay personas que se lían a la hora de tratar al cliente; algunos utilizan la tercera persona "usted", otro los tutean, y otros mezclan las dos formas. Indica qué formas de trato son las correctas.

Continúa en página siguiente >>

<< Viene de página anterior

a. **"Bienvenido de nuevo al Hotel Horizonte, Sr. Joaquín. Esperamos que su estancia sea tan agradable como la anterior".**
b. **Al tomar nota de un pedido, el camarero dice: "Muy bien, Srta. López, ¿Te gustaría acompañar su pasta con un poco de parmesano?"**
c. **Durante una cena de aniversario planificada, el anfitrión del evento se dirigió a los festejantes: "Esperamos que la velada sea inolvidable para vosotros, Señores de Torres. Os hemos reservado una mesa con una vista espectacular".**
d. **Un gerente se aproxima a un cliente descontento: "Lamento mucho este inconveniente, Sr. Ramírez. Déjeme ver cómo podemos solucionarlo de inmediato".**

Solución

a. Incorrecto. Si usamos el gentilicio "señor", debemos decir el apellido y no el nombre.
b. Incorrecto. Si usamos el gentilicio "señorita", no debemos tutear a la persona, por lo que sustituimos ese "te" por "le".
c. Incorrecto. No se tutea, y si se hace, se les tutea en todos los sentidos, y segundo, si nos dirigimos a esos clientes, no les decimos "señores de Torres", puesto que esa forma sería para hablar de ellos en tercera persona, no cuando estamos ya hablando con ellos.
d. Correcto. Ha respetado llamar al cliente de usted y por su apellido.

3.9. Mantenimiento constante de una actitud de servicio

Mantener una actitud constante de servicio es fundamental en la industria de la hostelería, donde cada interacción con un cliente es una oportunidad para crear una experiencia positiva e inolvidable. A diferencia de otros sectores, la hospitalidad no solo se mide por la calidad de las instalaciones, sino también, y principalmente, por la experiencia vivida por el cliente, que depende en gran medida del enfoque y la actitud de servicio del personal.

La actitud de servicio es esa inclinación natural o cultivada de anticiparse a las necesidades de los clientes, siempre teniendo presente el interés por servirlos de la mejor manera posible. Esta actitud, si bien puede parecer algo innato en ciertos individuos, es un atributo que se puede enseñar, cultivar y mantener a lo largo del tiempo.

Recepcionista recibiendo a un cliente con una sonrisa amable. Su postura abierta y cordial transmite bienvenida y disposición a ayudar, reflejando una atención profesional y cercana, fundamental en el servicio de recepción de un hotel o establecimiento.

Para mantener esta actitud positiva de manera constante, un establecimiento debe invertir en **capacitación continua** y en el **desarrollo de su personal.** Las sesiones regulares de técnicas de servicio, lenguaje verbal y lenguaje no verbal pueden ayudar a recordar las buenas prácticas y fomentar un ambiente de aprendizaje y mejora continua. A continuación, te mostramos algunos recursos muy útiles para mantener al equipo formado y motivado:

⊃ **Capacitación continua:** es importante desarrollar un programa de capacitación que se centre en el desarrollo de habilidades interpersonales, técnicas de resolución de conflictos y actualización sobre las tendencias del mercado. Esto mantendrá al personal motivado y alineado con los estándares del establecimiento.

⊃ **_Feedback_ constructivo:** fomentar una cultura donde el feedback no solo sea bienvenido, sino también activamente buscado. Este debe ser bidireccional; es decir, los empleados deben sentir confianza para dar sus opiniones y recibir comentarios sobre su desempeño.

⊃ **Liderazgo ejemplar:** los responsables de liderar deben mostrar una actitud de servicio en todas sus interacciones. Un líder respetado es aquel que es visto resolviendo problemas de primera mano y cuidando de equipo y clientes con la misma dedicación.

⊃ **Reconocimiento y recompensas:** los programas de reconocimiento deben estar integrados en la cultura de la empresa. Reconocer el trabajo bien hecho y las excepcionales muestras de servicio no solo motiva a quienes reciben dicho reconocimiento, sino que también establece estándares para todo el personal.

Desafíos en el mantenimiento de una actitud de servicio

El mantenimiento de una actitud de servicio constante no está exento de desafíos, que pueden influir en el rendimiento incluso del equipo más comprometido. Hay imprevistos que pueden surgir y que debemos controlar según van surgiendo:

- *Burnout* **del personal:** la carga de trabajo intenso y las largas horas pueden llevar al agotamiento. Es importante que los supervisores reconozcan los signos de agotamiento y tomen medidas para aliviarlo, como la implementación de políticas de descanso adecuadas y rotación de tareas.
- **Diversidad de clientes:** la variedad de clientes, cada uno con sus propias expectativas culturales, puede suponer un reto. La formación en diversidad cultural es clave para gestionar estas diferencias con respeto y eficacia.
- **Cambio constante en el sector:** la hostelería es un sector dinámico. Para mantenerse a la altura, se deben desarrollar estrategias de aprendizaje y adaptación que permitan al personal integrar cambios con fluidez.
- **Pérdida de motivación:** los períodos de baja actividad o temporadas complicadas pueden afectar la moral del equipo. Es esencial que la dirección mantenga una comunicación abierta y transparente sobre los objetivos y los éxitos logrados.
- **Cambio de personal:** la alta rotación de personal es un desafío perpetuo. Establecer un proceso de inducción sólido y un entorno de trabajo que apoye la carrera a largo plazo puede ayudar a minimizar esta rotación.

Mejoras tecnológicas y actitud de servicio

La tecnología también juega un papel crucial en cómo se implementa y se mantiene una actitud de servicio consistente. Las herramientas modernas permiten no solo una mejor gestión del tiempo y personal más informado, sino también un espacio para que los empleados brillen en su interacción con los clientes. Algunas mejoras tecnológicas que se pueden aplicar para perfeccionar el servicio y optimizar procesos son las siguientes:

Sistemas de *feedback real-time*
- La innovación en *software* de gestión de la reputación y *feedback* permite que los empleados respondan rápidamente a comentarios y que ajusten su enfoque en tiempo real.

Continúa en página siguiente >>

<< Viene de página anterior

Automatización de tareas repetitivas
- La tecnología puede asumir tareas administrativas monótonas, liberando tiempo para que los empleados se concentren en la parte más humana de su rol: la atención al cliente personalizada.

Recursos de formación digitalizados
- Las plataformas de aprendizaje en línea y aplicaciones de formación interna pueden proporcionar una forma flexible y personalizada para que los empleados aprendan y crezcan en su desarrollo profesional.

TAREA 5

En el Hotel Mediterráneo, Pedro, supervisor de atención al cliente, ha centrado su siguiente estrategia en mejorar la calidad de su servicio al cliente. A través de encuestas, descubrieron que, si bien la mayoría de sus huéspedes estaban satisfechos con las instalaciones, existían algunos problemas frecuentes relacionados con la atención al cliente en áreas específicas, como el servicio de limpieza y la recepción.

Muchos de los conflictos se originan porque hay problemas de comunicación entre algunos departamentos, puesto que no saben las funciones de cada uno de los empleados de dichos departamentos.

Ayuda a Pedro a establecer un protocolo de atención al cliente que tú creas que es correcto en los departamentos de recepción y de pisos, siguiendo el decálogo de atención al cliente.

3.10. Resolución inmediata de conflictos

La capacidad de resolver conflictos de manera inmediata y eficiente es un componente crucial en la atención al cliente en el sector de la hostelería. Este apartado se centrará en desglosar las estrategias y tácticas necesarias para gestionar con éxito situaciones de conflicto, minimizando el impacto negativo sobre la experiencia del cliente y asegurando un ambiente cordial y profesional.

Antes de abordar cómo resolver los conflictos, es fundamental comprender que los conflictos en hostelería pueden surgir por diversas razones: expectativas no cumplidas, mala comunicación, servicios o productos defectuosos, o diferencias culturales. La clave para una resolución inmediata es prever las causas más comunes e implementar medidas preventivas.

 **EJEMPLO**

Un huésped espera una vista al mar desde su habitación, pero recibe una vista al jardín. Esto se puede evitar verificando y confirmando los detalles de la reserva con anticipación.

Algunas técnicas para manejar bien los conflictos que puedan surgir durante la estancia del cliente son:

➲ **Estrategia:** destacan las siguientes:

  ➲ Mantener contacto visual y asentir mientras el cliente explica su problema.
  ➲ Evitar interrumpir hasta que el cliente haya terminado de hablar.
  ➲ Parafrasear para confirmar la comprensión de lo que se ha expresado.

➲ **Técnica:** expresiones verbales como "Entiendo cómo se siente" o "Lamento mucho que esté experimentando esto" pueden aliviar tensiones y mostrar que se priorizan las emociones del cliente.
➲ **Diagnóstico rápido del conflicto:** una vez que se ha escuchado al cliente, el siguiente paso es identificar rápidamente la causa raíz del problema. Antes de actuar, es vital evaluar si el conflicto es un resultado de error humano, un fallo del sistema o una expectativa no gestionada adecuadamente.
➲ **Presentar soluciones adecuadas y personalizadas:** el diseño de una solución efectiva requiere de respuestas personalizadas que coincidan con el tipo de conflicto. La capacidad de ofrecer soluciones rápidas y adaptadas a las necesidades exactas del cliente mejora notablemente la experiencia, transformando un posible punto negativo en una oportunidad de fidelización.

Documentación de incidencias

Para una mejora continua en la atención al cliente, es importante documentar cada caso de conflicto y la resolución implementada. Esto no solo contribuye al aprendizaje organizativo, sino que también puede servir como una base invaluable para ajustar políticas y procedimientos futuros. Los diferentes procedimientos que hay para gestionar los conflictos son:

Sistema de registro
- Con un sistema de registro digital se pueden determinar detalles relevantes de los conflictos y las acciones tomadas, proporcionando así una visión clara de posibles áreas de mejora.

Evaluación posterior del conflicto
- Tras cada resolución, es recomendable realizar un posterior análisis de la situación. Este análisis contempla qué medidas funcionaron, cuáles no, y por qué. Revisar estas situaciones con el equipo es una forma valiosa de desarrollar habilidades proactivas y mejorar la respuesta ante conflictos futuros.

Reuniones de evaluación
- Organizar reuniones regulares para discutir los casos recientes y fomentar una cultura de mejora continua puede ser beneficioso.

3.11. Cumplimiento de compromisos

El cumplimiento de compromisos es un aspecto esencial en la atención al cliente en la industria de la hostelería. Después de lograr una resolución inmediata y efectiva de conflictos, como se discutió en la unidad anterior, es fundamental consolidar la confianza y la satisfacción del cliente asegurando que cualquier promesa hecha durante la interacción sea cumplida con precisión y puntualidad. Esto no solo mejora la relación con el cliente, sino que también fortalece la reputación del establecimiento como un lugar confiable donde las expectativas no solo se cumplen, sino que se superan.

Cuando un cliente confía en una promesa hecha por un establecimiento y esta se lleva a cabo conforme lo esperado, se genera un lazo de confianza que puede traducirse en lealtad y promociones boca a boca positivas.

Sin embargo, si se incumplen, puede llevar a decepción, críticas adversas y pérdida de clientes. Las claves de la comunicación para que el cliente esté satisfecho son:

- **Comunicación clara y honesta:** la clave para evitar malentendidos que puedan llevar a compromisos incumplidos es la comunicación clara y honesta desde el inicio. Asegurarse de que el cliente entienda exactamente lo que se le ofrece y las posibles limitaciones es vital. Por ejemplo, al realizar una reserva para una cena de aniversario, el cliente debería ser informado sobre cualquier posible restricción en el menú que pudiera afectar su experiencia, evitando así sorpresas no deseadas.
- **Documentación detallada:** tener un registro claro y accesible de las promesas hechas ayuda a garantizar que se cumplan. En un hotel, esto podría hacerse a través de un sistema de gestión de relaciones con clientes (CRM) que registre detalles de cada interacción significativa. Por ejemplo, si un huésped menciona en su reserva que celebra una ocasión especial, registrar esta información permite al equipo de hostelería ofrecer un servicio más personalizado.
- **Seguimiento proactivo:** no basta con hacer una promesa; el éxito reside en darle seguimiento. Esto implica reasignar responsabilidad y asegurarse de que hay un sistema de verificación para confirmar el cumplimiento. Por ejemplo, si la dirección ha prometido enviar materiales de información por correo electrónico a un cliente después de su estancia, debería haber un miembro del personal asignado y un sistema para garantizar que este envío se realice en el tiempo prometido.
- **Capacitación del personal:** los empleados deben estar bien capacitados para entender la importancia del cumplimiento de compromisos y tener las herramientas necesarias para lograrlos. Un equipo bien entrenado puede identificar rápidamente posibles obstáculos y abordarlos antes de que se conviertan en problemas, garantizando así su cumplimiento. Por ejemplo, un camarero que entiende las expectativas del cliente tiene mayores probabilidades de gestionar correctamente sus necesidades, desde los tiempos de espera asociados a los platos hasta las solicitudes especiales.
- **Manejo de expectativas:** un aspecto importante del cumplimiento de compromisos tiene que ver con manejar adecuadamente las expectativas del cliente. Esto requiere que los establecimientos no prometan lo que no pueden cumplir y que siempre tengan claros sus límites operacionales, comunicándolos de manera apropiada al cliente. Por ejemplo, un albergue turístico debe ser transparente respecto a las capacidades de ocupación y los servicios disponibles en comparación con los de un hotel de lujo.
- **Evaluación continua y mejora:** el cumplimiento de compromisos debe ser parte de un ciclo de retroalimentación en el que se evalúa el

rendimiento, se identifican áreas de mejora y se implementan cambios necesarios. Realizar encuestas de satisfacción, revisar comentarios de clientes y ajustar los procedimientos internos son prácticas que permiten a los negocios de hostelería aprender y evolucionar continuamente para ofrecer mejores servicios y relaciones con los clientes.

4. Detección de las tipologías de clientes en hostelería en relación a sus actitudes y comportamientos

☞ HILO CONDUCTOR

Ahora que en el Hotel Mediterráneo el equipo va comprendiendo todos los componentes esenciales para la correcta atención al cliente y la gestión de los conflictos, para integrar determinadas técnicas y poder sortear los imprevistos que pueden surgir durante el servicio y la estancia de los huéspedes, Pedro, el supervisor de atención al cliente, decide, mediante una breve capacitación, exponer los diferentes tipos de clientes que se van a encontrar los miembros de la plantilla del hotel.

Para brindar un servicio excepcional y adelantarnos a las necesidades de los huéspedes, es crucial comprender las diversas tipologías de clientes en función de sus actitudes y comportamientos. La identificación precisa de estas tipologías nos permite personalizar la atención al cliente, mejorando tanto la satisfacción del usuario como el desempeño del negocio.

Las actitudes y expresiones de los clientes muestran diferentes emociones y estados de ánimo, reflejando la diversidad de experiencias que pueden tener dentro del restaurante.

4.1. Tipologías de clientes

A través del análisis de las tipologías de clientes, los establecimientos pueden crear estrategias centradas en el cliente y personalizar sus servicios. Además, esto permite a los profesionales de la hostelería anticipar las necesidades de los clientes, actuar proactivamente para resolver problemas y profundizar en las relaciones con sus huéspedes.

A continuación, te mostramos las diversas tipologías de clientes y sus características:

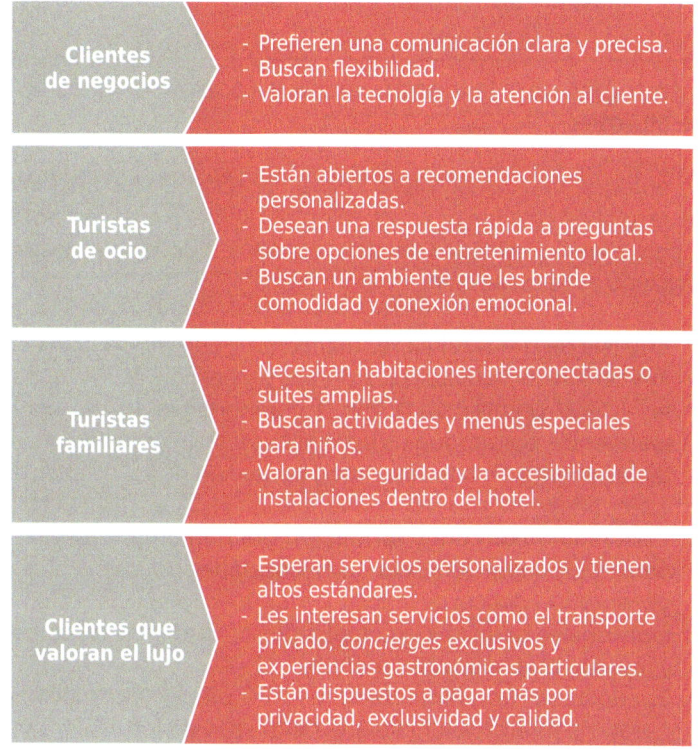

Para una comprensión efectiva de las tipologías de clientes, es esencial considerar una variedad de **factores que influyen en las actitudes y los comportamientos de los clientes:**

⮞ **Motivo del viaje:** los clientes pueden ser clasificados según sus razones principales para viajar: placer, negocio, aventura, relajación, entre otras. Cada motivo sugiere diferentes expectativas y necesidades de servicios.

➲ **Demografía:** la edad, el género, el nivel de ingresos y la procedencia geográfica influyen en cómo actúan los clientes y en lo que valoran durante su experiencia de hostelería.

➲ **Psicografía:** incluye aspectos como la personalidad, los valores, opiniones y estilos de vida, los cuales configuran las expectativas y comportamientos de los clientes.

➲ **Tecnología:** el uso de la tecnología también marca diferencias significativas en las tipologías de clientes. Aquellos que son más activos tecnológicamente pueden preferir *check in* automáticos y servicios digitales, mientras que quienes no lo son posiblemente busquen interacciones personales más tradicionales.

4.2. Estrategias para la identificación y adaptación a las tipologías de clientes

Un enfoque meticuloso hacia la identificación de las tipologías de clientes resulta en una mejor adecuación del servicio ofrecido por el establecimiento a las necesidades de los huéspedes. A continuación, se detallan en el gráfico estrategias efectivas para lograrlo:

➲ **Análisis de datos:** el almacenamiento y análisis de datos es una herramienta indispensable. Los sistemas de gestión de relaciones con clientes (CRM) permiten analizar el comportamiento del consumidor, su preferencia por productos específicos y su interacción previa con el establecimiento. Esto facilita la segmentación de los clientes en tipologías adecuadas.

➲ **Observación directa y formación del personal:** capacitar al personal para que pueda identificar las necesidades de los clientes mediante la observación directa es crucial. Reconocer comportamientos y actitudes individuales permite a los empleados ofrecer un servicio personalizado y resolver problemas con prontitud.

➲ **Encuestas y retroalimentación:** incluir preguntas específicas en las encuestas sobre preferencias y experiencias de los clientes impulsa a los establecimientos a identificar las tipologías adecuadamente. La retroalimentación debe ser imperativamente analizada y aplicada para realizar mejoras continuas.

➲ **Adaptación y personalización del servicio:** la personalización del servicio es una de las tendencias clave en la hostelería contemporánea. Las expectativas de los clientes en cuanto a experiencias personalizadas, ajustadas a sus particulares intereses o comportamientos, son cada vez mayores. Implementar sistemas y políticas que permitan personalizar el servicio según los *insights* obtenidos de las distintas tipologías es un imperativo que genera fidelidad y satisfacción.

⮑ **Innovación y creatividad:** por último, fomentar un ambiente innovador en el establecimiento anima a adaptarse proactivamente a las cambiantes expectativas de los clientes. Introducir nuevas tecnologías, explorar alianzas locales para ofrecer experiencias culturales únicas y promover una atmósfera creativa puede atraer a diferentes tipologías de clientes.

 **EJEMPLO**

En muchos establecimientos hoteleros, además de los servicios que hay en el hotel, ofrecen a la clientela actividades culturales, excusiones y visitas a través de empresas de actividades de la zona con las que ya tienen acuerdos. Esto es muy corriente en las estaciones de esquí, donde los clientes reservan su alojamiento en los hoteles y, a su vez, contratan los cursos y las actividades en la misma reserva. Estos servicios son proporcionados por agencias de actividades de la zona que tienen acuerdos con los hoteles para incluirlos en un *pack* combinado. De esta forma, las ofertas son más competitivas y, además, la estancia y las actividades están más organizadas y pueden ir grupos a la hora que los clientes decidan, de forma que se aseguran tener sitio en las pistas.

4.3. Cliente lento, indiferente o distraído, reservado

Para comenzar, es esencial tener una comprensión clara de qué define a cada uno de estos tipos de clientes:

Clientes lentos	- Son personas que, por naturaleza, tienden a tomarse su tiempo para hacer cualquier elección o tomar decisiones. Pueden ser meticulosos en sus elecciones y necesitan tiempo adicional para procesar la información.
Clientes indiferentes o distraídos	- Son aquellos cuya atención puede parecer no centrada completamente en la interacción de servicio. Pueden estar involucrados en sus dispositivos móviles, distraídos por su entorno o, simplemente, pueden no mostrar un interés evidente en los servicios ofrecidos.

Continúa en página siguiente >>

<< Viene de página anterior

Clientes reservados	- Este grupo se caracteriza por ser reservado o introvertido en su interacción. Pueden ser más difíciles de leer debido a su naturaleza escasa en interacciones verbales y no verbales, lo que puede complicar la tarea de entender sus necesidades y deseos.

 EJEMPLO

A continuación, te mostramos varios ejemplos breves de cómo se debe tratar a este tipo de clientes:

- Puedes relacionarte con un cliente lento comentando con calma la preparación especial que lleva cierto trago de cóctel que pidió, invitándolo a tomarse su tiempo para disfrutarlo y solo preguntar por él si lo desea una vez más.
- Con un cliente distraído, ganarías su atención mencionando un detalle rápido y único sobre el plato que eligió, como el origen *gourmet* de un ingrediente.
- Ante un cliente reservado que ha llegado por primera vez al hotel, puedes ofrecer tus servicios de manera breve y concisa, dejando que explore el entorno y dando espacio para que inicie la conversación cuando desee.

4.4. Cliente dominante, indeciso, vanidoso, impulsivo

Después de haber explorado en el apartado anterior a los clientes que pueden ser lentos, indiferentes, distraídos o reservados, es crucial seguir identificando y comprendiendo aquellos tipos de clientes que presentan comportamientos más desafiantes, pero igualmente comunes. Nos centraremos en las características y mejores prácticas para manejar con eficacia a clientes que se manifiestan como dominantes, indecisos, vanidosos e impulsivos:

Cliente dominante	- Los clientes dominantes suelen ser seguros de sí mismos, directos y expresivos. - Desean ejercer control sobre la situación y son propensos a ser exigentes. - Sus expectativas son altas y buscan resultados rápidos.
Cliente indeciso	- Pueden tener dificultades para tomar decisiones. - Tienden a pedir muchas opiniones y se preocupan mucho por los detalles. - Este comportamiento a menudo refleja un miedo a cometer errores o a elegir algo que no sea satisfactorio.
Cliente impulsivo	- Son aquellos que actúan rápidamente sin mucha deliberación. - Pueden ser compradores por impulso y valoran la actuación espontánea. - Suelen tomar decisiones rápidas y prefieren llevarse algo que llame su atención.
Cliente vanidoso	- Sienten la necesidad de ser importantes y buscarán ser tratados con diferencia. - Valoran las marcas de lujo, el estatus. - Apreciarán todas las atenciones personalizadas.

4.5. Cliente desconfiado, preciso, locuaz

La atención personalizada y adaptada a cada tipo de personalidad se convierte en una estrategia clave para hoteles, restaurantes y otros negocios del sector. Después de haber explorado las características del cliente dominante, indeciso, vanidoso e impulsivo, nos enfocaremos en un tipo de cliente igualmente fascinante y desafiante:

Cliente desconfiado	- **Inquisitivo:** este cliente preguntará muchos detalles sobre los productos o servicios que se le ofrecen. - **Analítico:** se toma su tiempo para analizar cada opción, y es meticuloso en su proceso de selección. - No confía fácilmente en las palabras del personal.

Continúa en página siguiente >>

[115]

<< Viene de página anterior

5. Aplicación de programas de fidelización y evaluación

👉 HILO CONDUCTOR

Una vez que el equipo ya distingue las tipologías generales de los clientes, para que puedan identificar también la manera correcta de tratarlos, Pedro va a enseñar a la plantilla —sobre todo a los recepcionistas— en qué consisten determinadas técnicas para fidelizar clientes, como por ejemplo los programas de puntos u otras promociones y ofertas personalizadas.

La implementación de programas de fidelización y la correcta evaluación de su efectividad son elementos fundamentales para ofrecer un servicio al cliente excepcional en el sector de la hostelería. A medida que las expectativas de los clientes son cada vez más altas, las empresas deben esforzarse por retener a sus huéspedes y promover la lealtad a través de estrategias bien diseñadas.

El uso de las tecnologías se ha convertido en una herramienta clave para la fidelización de los clientes en el sector de la hostelería, mejorando la experiencia del usuario.

5.1. Importancia de los programas de fidelización

Los programas de fidelización son esenciales para fomentar una relación continua con los clientes, lo que resulta en un mayor nivel de repetición de negocio. Estos programas son especialmente efectivos en la industria hotelera, donde ofrecer una experiencia personalizada y memorable puede robustecer la conexión con los invitados. La fidelización no solo implica incentivos financieros o descuentos, sino también la creación y el mantenimiento de una experiencia incomparable capaz de resonar a nivel emocional con los huéspedes. Existen formas diferentes de fidelizar a los clientes:

- **Retención de clientes:** las estrategias de fidelización hacen que los clientes se sientan valorados, aumentando la probabilidad de que vuelvan a elegir nuestro establecimiento para futuras estancias. Un cliente leal no solo regresa, sino que a menudo se convierte en un promotor activo del negocio.
- **Ventaja competitiva:** en un mercado saturado, como el de la hostelería, los programas de fidelización pueden diferenciar un establecimiento de sus competidores. Pueden ser usados para ofrecer un valor añadido que otros hoteles no proporcionan.
- **Recogida de datos del cliente:** a través de estos programas, las empresas pueden recopilar información valiosa sobre las preferencias y comportamientos de sus clientes, permitiendo una personalización más sutil de los servicios.

Diseño de un programa de fidelización efectivo

El diseño de un programa de fidelización es muy importante porque debe tener varias funciones. Además de la recogida de datos, existen otras variables que pueden influir a la hora de personalizar el servicio para los clientes. Muchos de estos programas están incluidos en *softwares* que ya utilizan muchas cadenas hoteleras.

Básicamente, un buen programa de fidelización debe tener estas funciones:

- **Definición de objetivos clave:** antes de implementar un programa de fidelización, es crucial establecer claramente los objetivos que el programa busca alcanzar, como aumentar la tasa de retorno de los clientes en un 20 % o mejorar el *feedback* positivo en plataformas de revisión.
- **Segmentación del cliente:** conocer bien a los clientes y segmentarlos según sus hábitos de consumo y preferencias permite diseñar un programa que sea tanto atractivo como relevante. Los datos de clientes previos y las encuestas pueden ser herramientas útiles en este proceso.
- **Basado en experiencias personalizadas:** ofrecer recompensas que resalten la experiencia única que el establecimiento puede proporcionar, como una cena exclusiva con el chef del hotel, mejora la percepción del cliente de estar recibiendo un tratamiento exclusivo.
- **Simplicidad y transparencia en la participación:** es importante que las reglas del programa sean claras y fácilmente comprensibles para los participantes. Un sistema complejo puede desalentar a los clientes a la hora de unirse o de participar activamente.
- **Canales de comunicación eficientes:** garantizar una comunicación efectiva a través de correos electrónicos, apps móviles o el sitio web del hotel sobre las actualizaciones y los beneficios disponibles asegura que los clientes sean siempre conscientes de las oportunidades especiales que tienen.

 **EJEMPLO**

Algunos ejemplos de programas de fidelización son:

- Puntos y recompensas → Un esquema popular consiste en la acumulación de puntos que los clientes pueden canjear por noches gratuitas, que se cargan al perfil del huésped tras cada estancia.
- Descuentos especiales y ofertas exclusivas → Ofrecer promociones exclusivas para los miembros del programa durante temporadas bajas puede incentivar a los clientes a visitar el establecimiento más frecuentemente.

Continúa en página siguiente >>

<< Viene de página anterior

- Experiencias únicas → A menudo, las experiencias que no tienen un equivalente monetario (como un acceso VIP a un evento local) son más efectivas a la hora de generar lealtad que simples descuentos monetarios.

 PARA SABER MÁS

Podrás ver ejemplos reales de estos programas en los siguientes enlaces. Accede desde aquí.

https://redirectoronline.com/hotr010205

https://redirectoronline.com/hotr010206

https://redirectoronline.com/hotr010207

Evaluación de la efectividad del programa de fidelización

Una evaluación regular del programa es crucial para asegurar que se están cumpliendo los objetivos propuestos y que el programa sigue siendo atractivo para los clientes. Así, una evaluación de un programa de fidelización debe contener:

- **Recolección de *feedback*:** utilizar encuestas tras la estancia o canales digitales para recoger opiniones sobre las recompensas y sugerencias de mejora puede ofrecer una perspectiva invaluable.
- **Análisis de datos cuantitativos y cualitativos:** los datos obtenidos del programa deben ser analizados para entender cuántos clientes se han convertido en leales, así como para interpretar patrones de gastos.
- **Revisión regular y ajuste del programa:** basado en los resultados obtenidos del análisis, el programa debe revisarse regularmente y ajustarse para maximizar el *engagement* (compromiso) y la satisfacción de los clientes.
- ***Benchmarking* contra competidores:** revisar las mejores prácticas dentro de la misma industria puede ayudar a identificar áreas de oportunidad no explotadas y optimizar el programa de fidelización.

Desafíos en la implementación del programa de fidelización

Implementar y mantener con éxito un programa de fidelización presenta varios desafíos que deben ser confrontados activamente:

- **Desequilibrio coste-beneficio:** aunque los programas de fidelización requieren una inversión inicial, es crucial evaluar si los beneficios superan los costes y realizar ajustes según sea necesario.
- **Resistencia al cambio en la organización:** puede haber reticencia interna dentro del negocio al implementar nuevas estrategias, que el personal debe superar a través de capacitaciones continuas y conociendo ejemplos de éxito.
- **Gestión del riesgo de desinterés:** un programa monótono puede resultar en la saturación del cliente y la posterior pérdida de interés. Innovar constantemente en las recompensas ofrecidas puede mitigar este riesgo.
- **Protección de la información del cliente:** es imprescindible garantizar que todos los datos recogidos están seguros y que se cumple con las normativas vigentes sobre protección de datos, para mantener la confianza de los clientes, como por ejemplo el DNI, direcciones, código postal, teléfonos, *e-mails,* etc.

5.2. Fidelización del cliente en hostelería

La fidelización del cliente en hostelería es más que una mera estrategia comercial; constituye un pilar fundamental que sostiene la relación continua entre los establecimientos y sus clientes. A lo largo de este apartado, exploraremos las diferentes estrategias, tácticas y beneficios asociados con la fidelización en el ámbito hostelero, analizando no solo el impacto económico, sino también la importancia de generar conexiones emocionales y experiencias memorables.

Estrategias de fidelización

El éxito en la fidelización del cliente en hostelería reside en la implementación de estrategias bien diseñadas, que incluyan diversas tácticas adaptadas a las necesidades y expectativas del cliente. Entre las estrategias más efectivas destacan:

- **Personalización del servicio:** la personalización es clave para ofrecer una experiencia única. Se trata de captar las preferencias de los clientes y personalizar servicios en función de estas. Por ejemplo, recordar la bebida favorita de un cliente regular y ofrecérsela sin que él lo solicite puede marcar una gran diferencia en la percepción del servicio.
- **Programas de fidelización:** los programas de fidelización ofrecen incentivos atractivos para alentar las visitas repetidas. Esto puede incluir desde tarjetas de puntos que acumulen descuentos hasta ofertar noches gratuitas tras un número determinado de estancias.
- **Atención y comunicación constante:** mantener una comunicación fluida y efectiva con los clientes antes, durante y después de su estancia ayuda a fortalecer la relación. Esto incluye encuestas de satisfacción, comunicaciones personalizadas y la resolución rápida de problemas.
- **Calidad en el servicio:** la consistencia en la calidad del servicio asegura que cada visita sea tan satisfactoria como la anterior. La formación continua del personal y el compromiso con estándares de excelencia permiten mantener alta la calidad.
- **Eventos especiales y experiencias únicas:** crear experiencias memorables, como cenas temáticas o eventos en fechas especiales, puede elevar el grado de satisfacción del cliente y aumentar su lealtad.
- *Feedback* **y mejora continua:** escuchar al cliente, gestionar de manera adecuada sus comentarios y adaptarse a sus sugerencias son pasos esenciales para mejorar continuamente el servicio.

Tecnología en la fidelización

El uso de la tecnología ha revolucionado la manera en que se aplica la fidelización en hostelería. Las aplicaciones móviles, por ejemplo, permiten a los clientes hacer reservas, recibir promociones personalizadas y participar en programas de fidelización desde sus dispositivos. Además, las redes sociales y las herramientas de CRM *(customer relationship management)* facilitan el seguimiento y la gestión del historial del cliente, permitiendo un enfoque más preciso y personalizado.

La inteligencia artificial y el análisis de datos permiten profundizar en el comportamiento del cliente y tomar decisiones basadas en hechos que mejoren la experiencia del usuario. A través de algoritmos avanzados, los establecimientos pueden anticiparse a las necesidades del cliente y ofrecer recomendaciones personalizadas.

 **PARA SABER MÁS**

En este enlace puedes encontrar las 20 mejores herramientas de atención al cliente. Accede desde aquí.

https://redirectoronline.com/hotr010208

Casos de éxito en la fidelización en hostelería

En este sector, encontramos ejemplos significativos de cómo la fidelización estratégica ha llevado a grandes logros. Entre ellos destacamos los siguientes:

Osborne Hotel Chain	The Green Stay Hotels
- Esta cadena ha implementado un programa de lealtad basado en un enfoque holístico del cliente, que incluye desde recompensas puntuales hasta experiencias personalizadas. La personalización de servicios y el uso de tecnologías punteras para la experiencia del cliente han permitido mantener una tasa de retorno superior al 60 %.	- Estos hoteles apuestan por la sostenibilidad como principal objetivo de fidelización. Promueven un estilo de vida responsable, ofreciendo beneficios a aquellos clientes comprometidos con la sostenibilidad, como descuentos para los huéspedes que elijan no utilizar servicios diarios de limpieza para reducir el impacto ambiental.

 TAREA 6

En el Hotel Mediterráneo están implementando programas de fidelización, y a Pedro le han planteado la posibilidad de que diseñe las líneas maestras del programa para poder crear el que necesitan y, después, adaptarlo al establecimiento.

Pedro sabe más o menos lo que debe llevar el programa, pero necesita ayuda.

Para ayudarle, proponemos que sigas el diseño de un programa de fidelización, pero con los datos que te vamos a dar para que el programa se enfoque en nuestros clientes. Para que utilicen nuestros servicios y nos elijan en todas las temporadas, debemos atraerlos haciendo uso de los diferentes recursos del hotel y de la ciudad.

El hotel está en la costa y cuenta con servicios de restauración, salones, *spa*, piscina interior y exterior, gimnasio y excusiones fuera del hotel.

Es un hotel ecológico que apuesta por la sostenibilidad y utiliza materias primas de agricultores y ganaderos locales, así como productos y artículos de comerciantes de la zona.

El establecimiento quiere abarcar clientes de tipo vacacional, nacionales e internacionales, y es de 4 estrellas.

En la ciudad hay festivales de música importantes, partidos de tenis, y un parque acuático con el que tenemos diferentes acuerdos.

Continúa en página siguiente >>

<< Viene de página anterior

Para desarrollar el proceso de diseño del programa de fidelización, te recordamos los pasos a seguir, que también puedes ver repasando los contenidos:

- Definición de objetivos clave
- Segmentación del cliente
- Basado en experiencias personalizadas
- Canales de comunicación eficientes

Puedes elegir el modelo de fidelización que quieras y ofrecer las ventajas y promociones que quieras; simplemente, tienes que seguir estos pasos con la información que tienes en el enunciado y valorar tú lo que necesita cada cliente que hemos nombrado.

 ACTIVIDAD COMPLEMENTARIA

6. Investiga en internet y buscar tres formas de fidelización que te llamen la atención, y que sean de estos tres tipos que señalamos a continuación.

 · Programas de fidelización por puntos
 · Programas de fidelización con tarjetas/club o servicios VIP
 · Programas o promociones que incluyan entradas, festivales, visitas o deporte, es decir, actividades o experiencias

Describe lo que más te ha llamado la atención y por qué te parece bueno para ese perfil.

5.3. Ventas sustitutivas y ventas cruzadas en hostelería

En la industria de la hostelería, optimizar las oportunidades de venta es crucial para maximizar los ingresos y mejorar la satisfacción del cliente. La atención al cliente no solo se limita a proporcionar servicios de buena calidad, sino también a identificar y ofrecer productos que satisfagan las necesidades y deseos de los clientes. En este contexto, las estrategias de ventas sustitutivas y ventas cruzadas se convierten en herramientas fundamentales.

Ventas sustitutivas

Las ventas sustitutivas, también conocidas como ventas de sustitución, son estrategias en las que un producto o servicio se ofrece en lugar de otro que el cliente había considerado originalmente. En hostelería, esta táctica se emplea cuando el producto o servicio inicialmente deseado no está disponible o cuando hay un beneficio significativo para el cliente en elegir la alternativa propuesta.

 EJEMPLO

Si un cliente ha reservado una habitación estándar en un hotel, pero, al llegar, se entera de que no hay disponibilidad, el personal puede ofrecerle una habitación superior o una *suite* a un precio similar al de la habitación estándar. Esto se llama *upgrade* cuando hablamos de habitaciones.

 PARA SABER MÁS

En este enlace puedes encontrar otra forma de fidelización, que consiste en regalar habitaciones de mayor categoría a los buenos clientes, es decir, el propio hotel lo hace como detalle (no para compensar a un cliente porque no tenía habitación y había hecho reserva). Accede desde aquí.

https://redirectoronline.com/hotr010209

Consideraciones para ventas sustitutivas exitosas

Para implementar con éxito las ventas sustitutivas en hostelería, es importante considerar varios factores:

Conocimiento del inventario
- El personal debe tener un conocimiento profundo de los servicios y de los productos disponibles en el establecimiento para poder ofrecer alternativas adecuadas y atractivas a los clientes.

Beneficio para el cliente
- La alternativa ofrecida debe representar un valor adicional para el cliente. Esto puede implicar ofrecer un servicio o un producto de mayor calidad al mismo precio o proporcionar beneficios adicionales, como acceso gratuito al spa o desayuno incluido.

Empatía y comunicación
- Es esencial manejar la situación con empatía y con habilidades de comunicación. El cliente debe sentir que su experiencia y satisfacción son prioridad para el establecimiento.

Las ventas sustitutivas no deben ser vistas solamente como una solución en caso de falta de disponibilidad; son una manera eficaz de enriquecer la experiencia del cliente y mejorar la lealtad a la marca.

 **EJEMPLO**

Mostramos una serie de ejemplos según del sector de que se trate:

- Restaurantes: si un plato del menú no está disponible, sugerir un plato similar que tenga ingredientes particularmente frescos o populares entre otros clientes.
- Hoteles: ofrecer una categoría de habitación superior cuando la reservada no está disponible o proporciona menos ventajas, garantizando así una mejora en la experiencia general.
- Servicios de eventos: si un salón de eventos específico está reservado, proporcionar otra sala con mejores vistas o equipamiento adicional al mismo coste.

Ventas cruzadas en hostelería

Las ventas cruzadas, o **cross-selling,** son una estrategia en la que se ofrecen productos o servicios complementarios que el cliente podría no haber considerado inicialmente al hacer una compra. Esta técnica es altamente efectiva para aumentar el *ticket* promedio del cliente y mejorar la satisfacción al cubrir necesidades que el cliente no había anticipado.

 **EJEMPLO**

Cuando un cliente reserva una cena para dos en un restaurante, el anfitrión puede ofrecer una botella de vino que maride perfectamente con el menú seleccionado. En un hotel, en el momento del *check-in*, el personal puede proponer la adición de servicios de *spa* o *tours* turísticos locales como parte de la estadía.

Estrategias para ventas cruzadas exitosas

Para explotar todo el potencial de las ventas cruzadas en hostelería, se deben tener en cuenta las siguientes estrategias:

- **Conocimiento de clientes:** entender las necesidades y las preferencias del cliente permite realizar recomendaciones pertinentes y valiosas. Esto puede lograrse a través de encuestas preliminares en el *check-in* o a través del análisis del historial de consumo.
- **Entrenamiento del personal:** el equipo debe estar capacitado para identificar oportunidades de ventas cruzadas apropiadas y tener un profundo conocimiento de todos los servicios y productos para poder sugerir combinaciones atractivas y beneficiosas.
- **Integración de tecnología:** por ejemplo, utilizar sistemas de gestión de relaciones con el cliente (CRM) y *softwares* de gestión hotelera para rastrear las preferencias del cliente y automatizar recomendaciones durante el proceso de reserva.
- **Incentivos y promociones:** ofrecer descuentos especiales en productos o servicios adicionales en el momento de la compra principal puede incentivar al cliente a optar por las ventas cruzadas.

Al implementar adecuadamente las ventas cruzadas, el establecimiento no solo puede incrementar sus ingresos, sino también mejorar la calidad de la experiencia del cliente al hacerle sentir valorado y cuidado.

 **EJEMPLO**

Te mostramos algunos ejemplos de ventas cruzadas:

- Restaurantes: ofrecer un aperitivo o un postre a precio reducido como parte de un menú del curso principal.
- Hoteles: proponer la inclusión de un paquete de desayuno o transporte de aeropuerto como añadidos a la reserva de la habitación.
- *Tours* y eventos: al vender entradas para un *tour* local, ofrecer fotografías de recuerdo o mejoras de experiencia VIP a un coste adicional.

5.4. Técnicas de evaluación en hostelería: evaluación de calidad, encuestas de evaluación, plataformas de evaluación/valoración *online*

En la industria de la hostelería, la calidad del servicio y la satisfacción del cliente son aspectos de suma importancia para garantizar el éxito y la lealtad del consumidor. Las técnicas de evaluación desempeñan un papel crucial en la identificación de fortalezas y áreas de mejora. Este capítulo se centra en la comprensión y la implementación de diferentes métodos de evaluación dentro del entorno de la hostelería, tales como la evaluación de calidad, las encuestas de evaluación y las plataformas de evaluación/valoración *online*.

Evaluación de calidad en hostelería

La evaluación de calidad se refiere al proceso sistemático para medir y garantizar que los servicios y productos ofrecidos por un establecimiento hotelero cumplan con los estándares y expectativas establecidos. Este proceso va más allá de la simple recopilación de datos y se centra en la mejora continua.

Un hotel que aspire a obtener la **certificación ISO 14001** implementará prácticas sostenibles, como el uso eficiente del agua y la energía, y reducirá los desechos de forma significativa.

Algunos de los sistemas que se utilizan para medir la calidad son:

⊃ **Estándares de calidad:** para implementar una evaluación eficaz de la calidad, es fundamental definir claramente los estándares de calidad. Estos estándares pueden estar basados en normativas internacionales como la ISO 9001, que establece principios de gestión de calidad, o pueden desarrollarse internamente para ajustar las necesidades y expectativas del cliente específico. Por ejemplo, un hotel de lujo puede establecer estándares elevados en cuanto a la calidad de sus instalaciones, la atención personalizada y la experiencia gastronómica, mientras que un hotel más modesto puede enfocarse en la eficiencia y la limpieza.

⊃ **Auditorías de calidad:** las auditorías de calidad son un método efectivo para evaluar el cumplimiento de estándares. Estas auditorías pueden ser internas, realizadas por el personal del hotel, o externas, llevadas a cabo por consultoras especializadas. Durante una auditoría, se revisan procesos operativos, la atención al cliente, la presentación de las instalaciones y más. Por ejemplo, una auditoría interna puede involucrar un recorrido detallado por el hotel por parte del gerente y varios miembros del personal para revisar el estado de las habitaciones, la disponibilidad de servicios y la prontitud con que se atienden las solicitudes de los clientes.

⊃ **Programas de certificación:** los programas de certificación también contribuyen a la evaluación de calidad. Certificaciones como la ISO 14001 para gestión ambiental o la HACCP *(hazard analysis and critical control points)* para seguridad alimentaria son ejemplos de cómo un establecimiento puede proyectar su compromiso con la calidad, la seguridad y el medioambiente.

Encuestas de evaluación

Las encuestas de evaluación son una herramienta fundamental para recopilar retroalimentación directa de los clientes. Estas encuestas pueden ofrecer información valiosa sobre las percepciones y expectativas de los consumidores, permitiendo realizar mejoras en el servicio.

PARA SABER MÁS

En el siguiente enlace puedes ver un ejemplo de encuesta para los clientes de un restaurante. Accede desde aquí.

Continúa en página siguiente >>

<< Viene de página anterior

https://redirectoronline.com/hotr010210

Plataformas de evaluación/valoración *online*

La evolución del entorno digital ha revolucionado la manera en que los clientes y los establecimientos interactúan. Las plataformas de evaluación y valoración *online,* como *Tripadvisor, Google Reviews* y *Yelp, se* han convertido en un recurso influyente en la toma de decisiones de los consumidores.

 PARA SABER MÁS

En este enlace puedes ver una de las plataformas con más reseñas y opiniones de este sector. Es una de las que más influye en las decisiones que toman los consumidores y turistas a la hora de escoger alojamiento o restaurante. Accede desde aquí.

https://redirectoronline.com/hotr010211

Importancia de la reputación *online*

La reputación *online* es un activo invaluable en la hostelería. Las opiniones y valoraciones de los clientes en estas plataformas pueden impactar significativamente en la imagen y la rentabilidad del establecimiento. Un alto puntaje en una plataforma de evaluación puede aumentar las reservas y la fidelidad del cliente.

Una crítica positiva, que describe un excelente servicio al cliente y cómodas instalaciones, puede inclinar la balanza a favor de un establecimiento hotelero, especialmente entre clientes que realizan reservas en línea.

 **PARA SABER MÁS**

En este enlace puedes ver una de las plataformas de reseñas y opiniones más fiables que hay en este momento. Accede desde aquí.

https://redirectoronline.com/hotr010212

Estrategias de mejora continua

Una vez obtenido y analizado *el feedback,* diseñar estrategias de mejora continua es un paso esencial. Esto puede implicar cambios en los procesos internos, la actualización de tecnologías o infraestructura, y la inversión en formación y desarrollo del personal.

Diseñar estrategias de mejora continua es crucial para optimizar procesos, mejorar la experiencia del cliente y fortalecer la cultura de la organización.

6. Resumen

La atención al cliente en hostelería pasa por muchas fases, en las que, a su vez, intervienen estrategias para fidelizar, un lenguaje determinado y expresión corporal que debe integrarse en la comunicación con el cliente, un sistema organizado con pasos a seguir y muchas técnicas que ayudan a marcar la excelencia del profesional de hostelería.

Ver con detalle cada fase de este proceso, comenzando con la acogida, donde la amabilidad y la cortesía establecen el tono de la interacción, y concluyendo con la atención posventa, garantizando que el vínculo con el cliente continué más allá de su partida, es una ventaja para comprender al cliente y que la comunicación sea más fluida a corto y largo plazo.

La aplicación de técnicas de atención al cliente, como el método AIDA, el decálogo de atención personalizada y las estrategias efectivas en el manejo de conflictos, figuran como elementos cruciales que no solo enriquecen la interacción, sino que también establecen una relación de confianza.

Poner el foco en estas técnicas subraya la importancia del lenguaje verbal y no verbal, el impacto de una sonrisa o de recordar el nombre de un cliente. Reconocer las diversas tipologías de clientes y sus características de antemano permite personalizar las interacciones y abordar sus necesidades de manera efectiva. En este contexto, la empatía y la paciencia son nuestras mejores aliadas para abordar las distintas personalidades que encontramos a diario.

Finalmente, para que los procesos de atención logren ser sostenibles a largo plazo, la fidelización del cliente, junto con programas de ventas cruzadas y sustitutivas, tiene un papel vital. El uso de evaluaciones regulares mediante encuestas o plataformas digitales proporciona una retroalimentación valiosa que informa sobre posibles mejoras continuas.

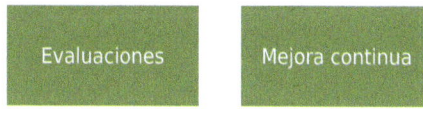

Ejercicios de autoevaluación
Unidad de Aprendizaje 2

1. Las fases del sistema AIDA son:

 a. Atención, acción, empatía y deseo
 b. Acción, escucha, deseo y empatía
 c. Atención, interés, deseo y acción
 d. Acción, atención, interés y deseo

2. Determina si la siguiente oración es verdadera o falsa: "Es importante integrar el decálogo con la técnica AIDA porque así no solo se capta la atención de los clientes, sino que también se guía su experiencia desde el interés inicial hasta la acción y la satisfacción posterior".

 ■ Verdadero
 ■ Falso

3. Indica cuáles son los tipos de escucha más importantes en hostelería:

 a. Escucha activa, reflexión y escucha empática
 b. Escucha activa, escucha empática y escucha simpática
 c. Escucha activa, escucha reflexiva y escucha empática
 d. Escucha inflexiva, escucha reflexiva y escucha simpática

4. Determina si la siguiente oración es verdadera o falsa: "El dominio del lenguaje no verbal es una habilidad esencial en el ámbito de la atención al cliente en hostelería".

 ■ Verdadero
 ■ Falso

5. ¿Cuál es la primera fase en el proceso de atención al cliente en hostelería?

 a. Despedida cordial
 b. Escucha activa
 c. Preparación del servicio
 d. Resolución de conflicto

6. ¿Cuál de las siguientes estrategias es clave para tratar con un cliente reservado en hostelería?

    a. Insistir en mostrarle todos los servicios desde el primer momento.
    b. Interactuar de forma breve y dejar espacio para que tome la iniciativa.
    c. Hacer preguntas directas constantemente.
    d. Ignorar su comportamiento para no incomodarlo.

7. ¿Qué técnica permite ofrecer un producto o servicio alternativo cuando el original no está disponible?

    a. Venta cruzada
    b. Fidelización activa
    c. Venta sustitutiva
    d. Posicionamiento de marca

8. ¿Qué acción no pertenece al decálogo de pautas para una eficaz atención al cliente?

    a. Utilizar el nombre del cliente.
    b. Mantener una actitud de servicio constante.
    c. Realizar encuestas de evaluación *online.*
    d. Dominar el lenguaje no verbal.

9. ¿Cuál es una de las principales funciones de un programa de fidelización en hostelería?

    a. Aumentar el precio de los servicios en temporada alta.
    b. Reducir el número de clientes nuevos.
    c. Crear una relación continua y emocional con el cliente.
    d. Evitar el uso de tecnologías digitales.

Gestión de reclamaciones en hostelería y resolución de conflictos

Contenido

1. Introducción
2. Identificación de los diferentes tipos de reclamaciones o situaciones de conflicto
3. Aplicación de pautas eficaces en la resolución de reclamaciones y conflictos
4. Conocimiento de la normativa existente respecto a la protección de los consumidores y usuarios
5. Resumen

Objetivos

El objetivo general de esta Unidad de Aprendizaje es:

→ Identificar distintos contextos en los que habitualmente se formulan reclamaciones o pueden darse situaciones de conflicto con los clientes en la hostelería, y conocer pautas de resolución de dichos conflictos, así como la normativa existente de protección de los consumidores y usuarios.

Los objetivos específicos de esta Unidad de Aprendizaje son:

→ Diferenciar claramente entre una queja, una reclamación y una sugerencia en un contexto real de atención al cliente.

→ Saber qué tipo de procedimientos son los más adecuados para gestionar de forma apropiada la recepción, y así evitar futuras quejas y reclamaciones.

→ Corregir una serie de errores tomando decisiones que solucionen el problema, aplicando el ciclo de aprendizaje de Kolb.

→ Tener un conocimiento sólido de la normativa que protege a los consumidores, tanto a nivel nacional como europeo.

→ Saber cómo realizar una hoja de reclamaciones con un ejemplo real.

→ Identificar el tipo de reclamación que se presenta en un contexto real de hostelería.

→ Aplicar un protocolo de actuación profesional frente a una reclamación.

→ Desarrollar habilidades de comunicación asertiva y gestión de conflictos.

→ Proponer soluciones razonables para recuperar la satisfacción del cliente.

1. Introducción

La gestión de reclamaciones y la resolución de conflictos son habilidades fundamentales que deben desarrollar los profesionales del sector, puesto que, cuando la clientela no está de acuerdo con la experiencia, o con la factura, o con la calidad del establecimiento o del servicio, hay que saber gestionar el conflicto y, sobre todo, lograr que no llegue a convertirse en una reclamación. Hay que intentar, primero, que el cliente nos dé la oportunidad de mejorar en lo que hemos fallado y, si aun así el cliente quiere reclamar, también debemos saber qué normativa existe al respecto, qué documentación es necesaria y cómo debemos gestionarla.

Estas regulaciones no solo establecen las obligaciones de los negocios hacia sus clientes, sino que también proporcionan un marco sobre el cual se sustentan los derechos de los consumidores. Entender estas normas y cumplirlas no es solo una cuestión legal, sino también una oportunidad para reforzar la confianza con el cliente y el prestigio del negocio.

Eso supone, para el profesional, tener claros determinados conceptos, como la gestión de esos conflictos en el momento, es decir, cómo hablar al cliente en el momento de la queja y después. Pero en el momento en el que surge, hay que saber improvisar, y actuar con empatía, con educación, conociendo las opciones que le podemos ofrecer, e intentando que su experiencia no se vea alterada por un error nuestro, o porque el mismo cliente no considera que se le ha dado el servicio que esperaba. La percepción del cliente sobre cómo se trata su queja puede ser tan importante, o incluso más, que la resolución misma del problema.

La capacidad para manejar sugerencias, quejas y reclamaciones de manera adecuada no solo mejora la experiencia del cliente, sino que también ofrece valiosas lecciones para el negocio. Las reclamaciones brindan información crucial sobre las áreas de mejora. Al aprender de cada situación crítica, los establecimientos pueden ajustar sus servicios, aumentar la eficiencia operativa y mejorar las experiencias futuras de los clientes.

En esta unidad, seguiremos basándonos en el caso del equipo del Hotel Mediterráneo, para ir descubriendo estrategias prácticas y enfoques innovadores que no solo los ayudarán a resolver los problemas en el momento, sino que también transformarán su manera de interactuar y conectar con los clientes.

2. Identificación de los diferentes tipos de reclamaciones o situaciones de conflicto

☞ HILO CONDUCTOR

El equipo del Hotel Mediterráneo ha avanzado bastante en su conocimiento sobre los diferentes protocolos que Pedro, el supervisor, les ha enseñado para la correcta atención al cliente. También en las diferentes técnicas aprendidas para que el trato con la clientela sea más personalizado y, de esta forma, conseguir fidelizarlo a través de dar un servicio excepcional. Pero Pedro también observa que el equipo debe saber gestionar las posibles quejas o conflictos que pueden surgir, independientemente de que hayan sido por un error de la plantilla o porque el cliente no esté conforme con el servicio que se le ha dado. Para lograr que todos los departamentos integren estos conceptos, Pedro ha decidido, para empezar, explicar las diferentes causas que pueden originar un conflicto con el cliente.

Las reclamaciones en hostelería no son las mismas siempre ni en los mismos departamentos, puesto que ni los perfiles de los clientes son los mismos, ni tampoco las situaciones ni las necesidades de cada persona visitante o huésped. Para que sepas distinguir las causas de esas reclamaciones en función del departamento, y los tipos de reclamaciones que pueden surgir durante un servicio, las hemos explicado por separado.

2.1. Tipos de reclamaciones en hostelería

Los conflictos pueden surgir por una gran variedad de razones, desde problemas con las reservas hasta insatisfacción con la calidad del servicio o la comida. Disponer de un método eficaz para identificar y clasificar estos conflictos permite a los equipos de atención al cliente abordarlos de manera más estructurada y eficiente.

A continuación, mostramos algunos de los conflictos que se pueden generar en los distintos departamentos o establecimientos.

Reclamaciones relacionadas con el alojamiento

El alojamiento de un hotel no depende solamente de las personas que limpian las habitaciones, sino que también depende de cómo se anotan las reservas, de que en las observaciones se recojan todas las peticiones del cliente, de que sus datos sean los correctos, etc. En este gráfico te mostramos algunos de los fallos que se pueden originar en un alojamiento (que no tiene por qué ser un hotel):

- **Fallos en la reserva:** uno de los problemas más comunes en la hostelería es el error en las reservas, ya sea por una reserva incorrectamente registrada o por una sobreventa de habitaciones *(overbooking)*. Estas situaciones generan frustración en los clientes, especialmente si han viajado durante largas distancias. Es fundamental que el personal esté capacitado para manejar estos casos con rapidez y cortesía, y también es importante que tengan un claro conocimiento de las opciones que pueden ofrecer en estos casos. Por ejemplo, un cliente llega al hotel tras reservar una *suite* con vistas al mar, pero le informan de que la habitación no está disponible. La forma en que el personal maneje esta situación, ofreciendo alternativas o compensaciones apropiadas, será crucial para mitigar el descontento.

- **Recogida de datos insuficiente:** a menudo, y debido también a que los clientes utilizan páginas de reservas externas al hotel, ciertas peticiones importantes de los clientes se pierden, como que tienen alguna alergia, que necesitan una cuna o cama supletoria, o bien un transporte. Si, además, el cliente llega tarde, eso puede suponer un problema porque, entre otras cosas, a determinadas horas parte de la plantilla ya no está, y si hay que trasladar equipamiento o improvisar algún servicio el cliente tiene que esperar. Por ejemplo, si unos clientes llegan con un niño pequeño después de las 23:00 h y han solicitado una cuna pero esa petición no ha quedado registrada, las personas del departamento de pisos no la habrán llevado y, por tanto, los clientes tendrán que esperar a que alguien de recepción la ponga en la habitación porque, según la categoría del establecimiento, es muy probable que el personal de ese departamento sea el único que haya en el hotel.

- **Estado de la habitación:** las condiciones de la habitación son otro motivo frecuente de queja. Los clientes esperan habitaciones limpias, bien mantenidas y equipadas con todo lo necesario para su comodidad. Por ejemplo, algún cliente se encuentra con que le faltan productos en el minibar, o con que no le han dejado los juegos de toallas que necesita.

- **Equipamiento defectuoso:** el mal funcionamiento del equipamiento de la habitación, como problemas con el aire acondicionado, la calefacción, la televisión, o fallos en la conexión wifi, pueden incidir directamente en la satisfacción del huésped. Por ejemplo, un cliente descubre que el aire acondicionado no funciona durante un día caluroso. Gestionar su reparación inmediata o proporcionar alternativas, como ventiladores o incluso un cambio de habitación, puede ser crucial

Reclamaciones relacionadas con el servicio

Este tipo de reclamaciones sí se pueden prevenir, puesto que dependen de la formación que se le da a la plantilla, y de la profesionalidad de cada miembro del equipo. Es verdad que no todos los clientes son igual de tratables, pero para eso tenemos los protocolos de atención al cliente, los manuales de calidad, etc. Algunas de las causas de las quejas de los clientes en relación con el servicio son las siguientes:

- **Lentitud o inadecuación del servicio:** la rapidez y la adecuación del servicio son expectativas fundamentales de los clientes. La falta de respuesta rápida a solicitudes sencillas, como el servicio de habitaciones o la atención personal en restaurantes del hotel, es un motivo común de quejas. Por ejemplo, un cliente espera 30 minutos para recibir su comida en el restaurante del hotel. Un personal de servicio proactivo, con un sistema eficaz para gestionar pedidos y notificar demoras de manera anticipada, puede prevenir insatisfacciones.
- **Competencia del personal:** la destreza y la amabilidad del personal en su interacción diaria con los clientes son esenciales, y si no están al nivel esperado pueden ser motivo de queja. Los clientes tienden a recordar el trato recibido más que cualquier otro aspecto de su experiencia. Por ejemplo, un cliente muestra desagrado porque el recepcionista no puede proporcionar información básica sobre las atracciones locales en su idioma preferido. Capacitar al personal en habilidades de comunicación y asegurarse de que tenga recursos suficientes para estas situaciones es esencial.

Reclamaciones relacionadas con la alimentación y con las bebidas

El departamento de alimentos y bebidas es muy importante, porque, además de atender a los huéspedes, también cuenta con un departamento de eventos que gestiona los salones del hotel donde se celebran multitud de actos, congresos, conferencias y banquetes, y que recoge mucha clientela que no se aloja en el hotel. Estos clientes pueden ser trabajadores de empresas que hacen contratos anuales para sus empleados o personas que contratan eventos determinados como bodas, comuniones y recepciones oficiales. Algunas de las causas que pueden acabar en quejas en el departamento de alimentos y bebidas son:

➲ **Calidad de los alimentos:** la calidad y presentación de los alimentos servidos es un componente primordial en la satisfacción del cliente. Cualquier problema con el sabor, la temperatura o la presentación puede derivar en una queja. Por ejemplo, un cliente pide como plato principal una carne bien hecha y le llega poco hecha. Si en el momento en el que se la ponen, el camarero le pregunta si está todo a su gusto, el cliente responderá que la quiere más hecha, el camarero se llevará el plato y el problema se resolverá pronto, con lo cual el cliente no se quejará. Pero, por el contrario, si se la sirven y el camarero se va, el cliente tendrá que esperar a que este se vuelva a acercar a la mesa, decirle cuál es el problema y esperar más tiempo a que se corrija el error.

➲ **Orden incorrecta:** los errores en la toma de pedidos son bastante comunes. Aspectos como no enumerar a los comensales pueden suponer que a la hora de servir los platos haya confusiones, o bien no separar el orden de los platos y que se saquen antes los entrantes calientes que los fríos. Por ejemplo, que se sirva a los clientes una ensalada antes que un plato de jamón o que una sopa. Esto se puede arreglar con una disculpa, retirando la ensalada y dejando el plato de jamón en el centro de la mesa mientras se le sirve al cliente la sopa.

Reclamaciones por políticas del hotel

Cada hotel tiene su propia política interna, tanto para las cancelaciones como para las horas de entrada y salida, tarifas o servicios; y esta política debe estar siempre reflejada en la web oficial del establecimiento. A continuación, puedes ver algunas de las causas de las reclamaciones con respecto a la política del hotel:

➲ **Políticas de cancelación:** las políticas estrictas sobre cancelaciones y reembolsos pueden ser fuente de insatisfacción, sobre todo si los clientes consideran que no se comunicaron claramente en el momento de hacer la reserva. Por ejemplo, un cliente intentó cancelar una reserva dentro del plazo que él consideraba adecuado según lo que entendió en la política, pero, aun así, enfrenta cargos. Se deben explicar claramente las condiciones. Mostrar flexibilidad cuando sea posible puede mitigar este tipo de conflictos. Es importante que las condiciones queden bien reflejadas cuando el cliente hace la reserva, porque, al fin y al cabo, es un contrato.

➲ **Horarios de *check-in* y *check-out*:** las diferencias entre las expectativas de los clientes y las políticas del hotel respecto a los horarios de *check-in* y *check-out* pueden generar estrés y dificultades. Por ejemplo, un huésped llega temprano y necesita un *check-in* antes de lo estipulado, pero se le informa de que no hay disponibilidad. Proporcionar una solución intermedia o algún beneficio mientras espera puede ofrecer una mejor experiencia.

○ **Servicios:** si los servicios no están bien reflejados en la web del hotel, la clientela puede dar por sentado que tienen servicio de botones, *parking* o *room service* 24 h, y esto puede dar lugar a algunas quejas, puesto que los clientes no tienen por qué conocer la normativa hotelera según las categorías. Por ejemplo, un cliente llega al hotel después de las 23:00 h, que es cuando cierra la cocina, pero ese horario no sale en la web. Es muy probable que el cliente pida algo de la carta cuando se aloje, y se encuentre con que se tiene que quedar sin cenar. Para evitar esto, se puede informar a los clientes que vayan a llegar tarde y dejarles algo frío preparado si lo desean, o darles la opción de que traigan algo de comer.

Reclamaciones derivadas del entorno

Existen reclamaciones que no necesariamente son responsabilidad del establecimiento, sino que pueden deberse a causas externas e imprevisibles:

Ruidos
- El ruido, interno o externo, puede interferir en la experiencia de los huéspedes. Ya sea por otras habitaciones, eventos, o por el tráfico exterior, los ruidos no deseados pueden interferir en su descanso. Unas pautas claras sobre el comportamiento de los huéspedes y una comunicación sincera sobre obras o eventos pueden evitar estas situaciones.

Problemas de accesibilidad
- La falta de instalaciones adecuadas para personas con movilidad reducida o necesidades especiales también puede originar quejas. Asignar las habitaciones correctas y ofrecer asistencia adicional puede ayudar a resolver la situación.

Manejando las reclamaciones

Antes de empezar a distinguir entre las quejas y las reclamaciones, vamos a tener en cuenta los pasos para gestionarlas correctamente.

La identificación temprana y la clasificación adecuada de las quejas es solo el comienzo. Es importante que el personal esté capacitado no solo para identificar, sino también para gestionar y resolver de manera eficiente y amable cada tipo de reclamación. Para ello, tener un protocolo de gestión de reclamaciones es esencial. A continuación, te mostramos una serie de habilidades sociales que debemos tener para gestionar las reclamaciones:

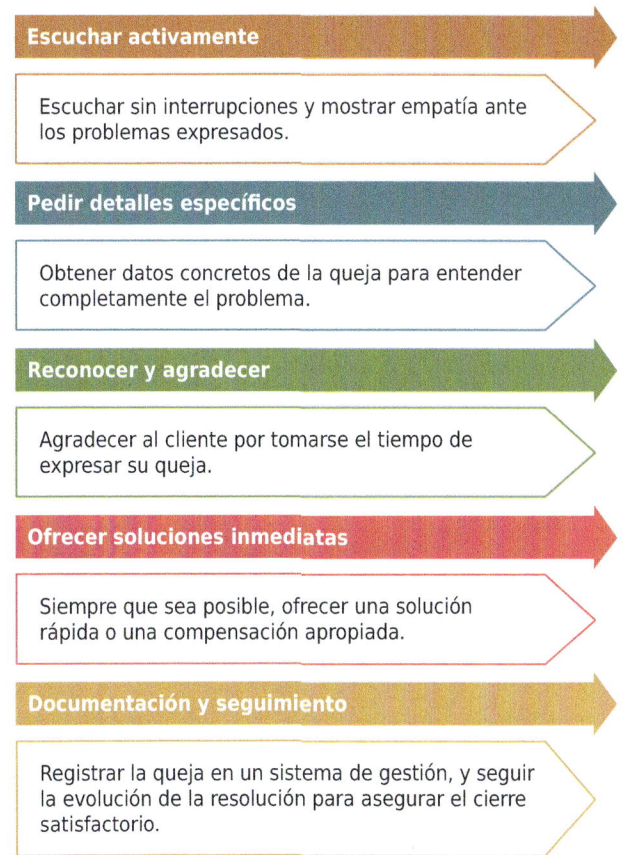

Escuchar activamente

Escuchar sin interrupciones y mostrar empatía ante los problemas expresados.

Pedir detalles específicos

Obtener datos concretos de la queja para entender completamente el problema.

Reconocer y agradecer

Agradecer al cliente por tomarse el tiempo de expresar su queja.

Ofrecer soluciones inmediatas

Siempre que sea posible, ofrecer una solución rápida o una compensación apropiada.

Documentación y seguimiento

Registrar la queja en un sistema de gestión, y seguir la evolución de la resolución para asegurar el cierre satisfactorio.

2.2. Diferenciación entre sugerencias, quejas y reclamaciones

La atención al cliente no solo se basa en ofrecer un servicio de calidad, sino también en ser capaz de gestionar efectivamente la comunicación con los huéspedes. Esto implica comprender la naturaleza de las interacciones que los clientes pueden tener con un establecimiento. Estas interacciones se pueden clasificar principalmente en **sugerencias, quejas y reclamaciones.** Aunque a primera vista pueden parecer intercambiables, cada una de estas interacciones tiene sus características y sus métodos de gestión específicos. En la práctica de una atención al cliente excepcional, es crucial desarrollar habilidades para distinguirlas y abordarlas adecuadamente. A continuación, detallaremos cada una de ellas, sus características distintivas y su impacto en el servicio.

Sugerencias

Las sugerencias del cliente suelen ser aportaciones, generalmente positivas, y buscan contribuir al desarrollo o perfeccionamiento del servicio. Pueden surgir de experiencias previas o de la comparación con otros servicios. Al no estar motivadas por una insatisfacción específica, las sugerencias se perciben como oportunidades de mejora y de adaptación a las necesidades y expectativas de los clientes, y tienen estas características:

Orientación constructiva
- Están dirigidas a mejorar el servicio actual. Ejemplo: "Sería magnífico si pudieran incluir opciones vegetarianas en el menú del desayuno".

Voluntariedad
- No suelen estar impulsadas por urgencias, sino que provienen de la voluntad del cliente de contribuir al servicio.

Carácter positivo
- Generalmente, se expresan de manera amigable y muestran compromiso o interés en la mejora del establecimiento.

Enfoque a futuro
- Las sugerencias miran hacia el futuro, proponiendo cambios o adiciones que podrían incluirse para mejorar el servicio.

Quejas

Las quejas son manifestaciones de insatisfacción que, aunque no están formalizadas como una reclamación, señalan una experiencia negativa o un fallo en el proceso o servicio. Son señales tempranas que pueden convertirse en una herramienta clave para identificar deficiencias o áreas problemáticas antes de que escalen a una reclamación formal. Tienen estas características:

Expresión verbal o escrita de insatisfacción
- Ejemplo: "La limpieza de mi habitación no cumplió con las expectativas de higiene".

Relativo bajo impacto inmediato
- Las quejas no suelen exigir acciones legales, pero son fundamentales para mantener la reputación del establecimiento.

Espontaneidad
- Aunque pueden ser menos formales que una reclamación, las quejas son expresiones sinceras que deben ser atendidas con premura.

Percepción subjetiva
- Deben interpretarse considerando la perspectiva del cliente, quien puede tener una expectativa diferente del servicio.

 **IMPORTANTE**

Atender una queja rápidamente puede evitar la escalada del problema. Los empleados deben recibir capacitación para identificar quejas, escucharlas pacientemente y responder con empatía y soluciones efectivas. Ofrecer disculpas sinceras y tomar medidas inmediatas para rectificar el problema puede transformar una experiencia negativa en una oportunidad de fidelización. La creación de un registro de quejas ayuda a analizar patrones y a realizar mejoras significativas en el servicio.

Reclamaciones

Las reclamaciones son el siguiente paso tras las quejas; el cliente, al no obtener una solución satisfactoria, formaliza su insatisfacción mediante procedimientos que pueden implicar acciones legales o administrativas. Constituyen un aviso claro y oficial sobre problemas específicos en el servicio que requieren una respuesta de gestión estructurada y profesional. Las reclamaciones tienen las siguientes características:

Formalidad	- Implica un proceso oficial de notificación, donde el cliente detalla su insatisfacción. Puede requerir resolución legal.
Gravedad y urgencia	- Ejemplo: retraso en la devolución del pago tras una cancelación, a pesar de múltiples solicitudes previas.
Documento estructurado	- Suelen darse por escrito, evidenciando un reclamo específico con expectativas de rectificación.
Potencial impacto legal y reputacional	- Las reclamaciones pueden llegar a afectar a la reputación públicamente y, en algunos casos, derivar en procesos legales.

 **IMPORTANTE**

Para gestionar bien las reclamaciones, se deben investigar a fondo las circunstancias causantes del problema y ofrecer una resolución equitativa. Establecer un protocolo para la gestión de reclamaciones es esencial, así como designar a personal especializado para manejar casos complejos. Se debe mantener una comunicación constante y formal con el cliente, indicando el progreso y las acciones tomadas. El aprendizaje de cada reclamación debe integrar mejoras de proceso para prevenir futuras situaciones similares.

2.3. Reclamaciones y/o quejas más usuales en hostelería: restauración y servicios de alojamiento

La industria de la hostelería, por su misma naturaleza centrada en la prestación de servicios directos al cliente, está especialmente expuesta a la formulación de quejas y reclamaciones. Esto se debe a la heterogeneidad de clientes, sus expectativas únicas y las situaciones variadas que pueden ocurrir durante sus estancias o reuniones. Por tanto, es crucial para los gestores de hostelería conocer las reclamaciones y quejas más comunes para poder abordarlas de manera efectiva y mejorar continuamente la experiencia del cliente.

En el sector de la hostelería, las reclamaciones son una herramienta importante para los clientes que desean expresar su insatisfacción ante un servicio o producto recibido.

Las reclamaciones más comunes en hostelería, tanto en restauración como en servicios de alojamiento, suelen estar relacionadas con la limpieza, el servicio, la calidad de la comida, la gestión de reservas y el comportamiento del personal. También son frecuentes las quejas sobre ruidos, problemas con la habitación (tamaño, camas, vistas) y el estado del wifi.

 **VÍDEO**

En el siguiente vídeo se presentan cinco posibles causas comunes por las que los clientes (huéspedes) podrían quejarse de un servicio o alojamiento, poniendo énfasis en lo que leen otros usuarios *online*. Accede desde aquí para verlo.

Continúa en página siguiente >>

<< Viene de página anterior

https://redirectoronline.com/hotr010300

Reclamaciones en restauración

La restauración es una de las áreas más sensibles en hostelería, dada su complejidad operativa y el alto estándar que los clientes suelen esperar. Las reclamaciones más usuales en este ámbito incluyen las que te mostramos a continuación:

- **Tiempo de espera prolongado:** una de las quejas más frecuentes es el tiempo excesivo que los clientes deben esperar para recibir su comida o ser atendidos. Esto puede deberse a personal insuficiente durante picos de demanda, a problemas en la cocina o a una mala gestión de reservas.
- **Calidad de la comida:** la percepción de calidad puede variar según las expectativas del cliente. Las quejas sobre la comida pueden referirse a temperatura inadecuada, ingredientes de mala calidad, platos mal preparados o incluso errores en el pedido.
- **Errores en el pedido:** estos pueden ocurrir cuando los meseros no anotan correctamente las órdenes, lo que resulta en malas interpretaciones o en errores en la cocina.
- **Condiciones del servicio:** incluyen reclamaciones por un servicio descortés, personal poco atento o incluso falta de higiene en el área de servicio o en el personal.
- **Precios y cargos ocultos:** los clientes pueden quejarse si sienten que los precios están inflados o si se les cobran cargos adicionales que no fueron mencionados al hacer el pedido.

Reclamaciones en servicios de alojamiento

Los servicios de alojamiento enfrentan su propio conjunto de desafíos y reclamaciones frecuentes porque los clientes tienen otras necesidades. Las diferentes reclamaciones que pueden surgir durante la estancia pueden ser las siguientes:

- ⮌ **Limpieza de las habitaciones:** la limpieza es esencial para la satisfacción del cliente. Las quejas pueden variar, desde habitaciones no higiénicas hasta problemas con la frecuencia y la calidad del servicio de limpieza.
- ⮌ **Problemas con las instalaciones:** cualquier deficiencia en las instalaciones, como falta de agua caliente, aire acondicionado defectuoso o mala conexión wifi, puede resultar en quejas significativas.
- ⮌ **Ruido y molestias:** problemas como el ruido excesivo, proveniente de otras habitaciones, de obras de renovación o de áreas comunes, pueden ser motivo de inquietud para los huéspedes que buscan descanso.
- ⮌ **Fallos en el *check-in/check-out*:** la puntualidad y eficiencia en estos procesos son cruciales. Las demoras en el *check-in* o errores en la facturación durante el *check-out* son comunes y generan insatisfacción.
- ⮌ **Sobreventa *(overbooking)*:** a veces, por errores en el sistema de reservas o por cuestiones de gestión, se vende más capacidad de alojamiento del que realmente se dispone, lo cual genera situaciones incómodas y reclamaciones importantes.

Gestión de reclamaciones y quejas

La capacidad de gestión de quejas es esencial para mejorar la satisfacción del cliente y mantener la reputación del negocio hostelero. Según la normativa europea, es primordial contar con procesos internos para gestionar las reclamaciones. Cuando los clientes hacen una reclamación y quieren que sea por escrito, deben solicitarla al establecimiento, y este tiene la obligación de disponer de las hojas de reclamaciones. De hecho, si no dispone de estas hojas, el cliente puede llamar a la policía y el hotel o restaurante puede ser sancionado.

👁 EJEMPLO

Un grupo está cenando en un restaurante. Consideran que tanto la calidad de los platos que han consumido como el servicio no son los que esperaban y, por tanto, pueden solicitar la hoja de reclamaciones y expresar su descontento. Esa hoja se compone de tres copias: una para el cliente, otra para el establecimiento

Continúa en página siguiente >>

<< Viene de página anterior

y la otra para el organismo oficial que va a tramitar esta queja. Esto no quiere decir que por ese motivo no se pague la cuenta, la clientela está obligada siempre a pagar la factura porque, si no, no puede ejercer su derecho a reclamar.

 PARA SABER MÁS

En los siguientes enlaces puedes ver la regulación del proceso de reclamación por comunidades autónomas y la página oficial de la Administración pública de Consumo, donde puedes ver el proceso en sí que debe seguir una reclamación. Accede desde aquí.

https://redirectoronline.com/hotr010301

https://redirectoronline.com/hotr010302

Para manejar efectivamente las quejas en hostelería, es esencial establecer procesos sólidos para la toma de decisiones rápidas y la resolución de conflictos. La disposición para escuchar al cliente y entender su perspectiva es el primer paso para satisfacer sus necesidades. Para que todo el equipo siga el mismo proceso, lo mejor es establecer las siguientes pautas:

- **Capacitación del personal:** es esencial que el personal esté bien capacitado no solo en sus tareas específicas sino también en habilidades de comunicación y manejo del cliente. Un personal empático y proactivo puede mitigar situaciones antes de que se conviertan en problemas mayores.
- **Políticas claras de reclamación:** definir un protocolo claro para el manejo de quejas permite abordarlas con prontitud y coherencia, asegurando que el cliente perciba un esfuerzo genuino para resolver su problema.
- *Feedback* **y seguimiento:** solicitar comentarios tras la resolución de una queja y hacer un seguimiento puede demostrar al cliente que su opinión es valorada y que la empresa está comprometida a mejorar.
- **Innovación y mejora continua:** adoptar innovaciones tecnológicas o nuevos enfoques operacionales puede convertirse en un factor diferenciador para reducir la ocurrencia de reclamaciones comunes.

Tendencias actuales en la gestión de reclamaciones

La evolución tecnológica y las nuevas expectativas de los consumidores están impulsando cambios significativos en cómo se manejan las reclamaciones en hostelería, porque ahora el abanico de canales para opinar es mucho más grande, y a veces un comentario negativo puede ser peor que una queja. Las diferentes tendencias que existen para gestionar las reclamaciones son:

Quejas a través de plataformas digitales
- Las redes sociales y los sitios de reseñas son herramientas poderosas para los clientes, lo cual significa que las quejas pueden volverse virales rápidamente. Es esencial que los establecimientos monitoreen estas plataformas y respondan de manera oportuna y apropiada.

Inteligencia artificial (IA) y *chatbots*
- La IA se está utilizando para predecir y gestionar proactivamente las quejas. Además, los *chatbots* pueden ayudar a resolver rápidamente problemas comunes sin intervención humana.

Personalización de la atención al cliente
- Con tecnología de datos y CRM *(customer relationship management)*, es posible personalizar la interacción con el cliente, anticipándose a sus preferencias y minimizando motivos de insatisfacción.

Ejemplos de gestión efectiva de reclamaciones

A continuación, te mostramos algunos casos donde una gestión eficaz de las quejas no solo resolvió el problema, sino que también fidelizó al cliente:

Un hotel recibió críticas por el ruido nocturno

De inmediato, invirtieron en un mejor aislamiento acústico y establecieron una política estricta de silencio en horas nocturnas, lo que resultó en evaluaciones más altas en satisfacción del cliente.

Un restaurante enfrentó quejas frecuentes sobre la calidad de la carne

Decidieron cambiar de proveedor y aplicaron un control de calidad más estricto, lo que aumentó tanto la calidad percibida como la satisfacción de los clientes.

Una cadena de hoteles integró un sistema de retroalimentación instantánea digital donde los huéspedes podían reportar problemas durante su estancia

La capacidad de intervenir y resolver los problemas en tiempo real incrementó las reseñas positivas.

3. Aplicación de pautas eficaces en la resolución de reclamaciones y conflictos

☞ HILO CONDUCTOR

En el Hotel Mediterráneo, Pedro continúa con la formación de su equipo para que integren las habilidades que se necesitan para gestionar los conflictos que se puedan originar. Para ello, quiere que su equipo entienda que sin estas habilidades es difícil gestionar este tipo de situaciones, y para que entiendan

Continúa en página siguiente >>

<< Viene de página anterior

bien a qué se refiere, les tiene que explicar una por una esas habilidades con ejemplos. De esta forma, podrán ponerse en la situación del cliente y comprobar de primera mano lo que puede afectarles que sus quejas o sugerencias no sean atendidas como es debido. El cliente viene a tener una experiencia positiva que ya ha programado con ilusión, y está en nuestra mano resolver cualquier situación desagradable con amabilidad y eficacia, para que el cliente recuerde esta experiencia como algo memorable.

En este apartado vas a ver cómo se deben gestionar los conflictos con la clientela. Son gestiones muy importantes, tanto o más que la gestión de cualquier servicio, pues dependiendo de cómo gestionemos una queja, esta se puede convertir en una reclamación por escrito. Si lo hacemos utilizando habilidades como la empatía y la escucha activa, puede acabar siendo una oportunidad de mejora para el establecimiento.

3.1. Cómo gestionar reclamaciones y conflictos

En el ámbito de la hostelería, el manejo adecuado de reclamaciones y conflictos es crucial para el éxito y la sostenibilidad de un negocio. El objetivo no solo es resolver el problema inmediato, sino también mejorar la relación con el cliente y fortalecer la reputación del establecimiento. Una gestión ineficaz puede agravar la situación y dañar potencialmente el prestigio del negocio. Por ello, es vital contar con pautas eficaces que guíen la resolución de reclamaciones y conflictos de manera profesional y satisfactoria tanto para el cliente como para la empresa.

Antes de implementar cualquier estrategia, es importante comprender la naturaleza y el origen de la reclamación o conflicto, e integrar protocolos de respuesta estandarizados. En estos gráficos te explicamos los pasos con algunos ejemplos:

- **Comprender la naturaleza del conflicto:** antes de implementar cualquier estrategia, es importante comprender la naturaleza y el origen de la reclamación o conflicto. Esto implica escuchar activamente al cliente para identificar sus inquietudes y necesidades específicas. La escucha activa implica prestar atención, mostrar empatía y validar los sentimientos del cliente. Los empleados deben estar capacitados para identificar no solo la queja explícita del cliente, sino también los aspectos implícitos que podrían estar influyendo en su insatisfacción. Esto puede incluir expectativas de servicio no cumplidas o percepciones de falta de profesionalismo. Una vez que se comprende plenamente la situación, el personal puede comenzar a trabajar en una solución eficaz. Por ejemplo, si un huésped se queja de que su habitación no está lista en el momento de su llegada, es esencial identificar si el problema se debe a una sobreventa, a una tardanza en la limpieza o a problemas de coordinación.

⮑ **Implementar protocolos de respuesta estandarizados:** una pauta esencial en la resolución de conflictos es la implementación de protocolos de respuesta estandarizados. Estos protocolos deben estar claramente delineados y deben ser conocidos por todo el personal, de manera que los empleados sepan cómo responder ante situaciones de conflicto. Esto no solo acelera el proceso de resolución, sino que, además, transmite una imagen de profesionalismo y control.

Para que puedas comprobar cómo se suelen desarrollar estos procesos para gestionar los conflictos, a continuación, se muestran los pasos que deben estar estandarizados para que los siga todo el equipo por igual:

1. Recepción y reconocimiento
- El empleado que recibe inicialmente la queja debe responsabilizarse de su seguimiento. Es importante dar al cliente la confianza de que su problema será atendido.

2. Evaluación de la situación
- Esto implica determinar el tipo de reclamación (por ejemplo, habitación ruidosa, retrasos en el servicio de habitación, etc.), su gravedad y la urgencia de la respuesta.

3. Propuesta de solución
- Proponer una solución que esté dentro de las políticas de la empresa y que satisfaga al cliente. Es vital adaptar las soluciones a cada situación, evitando una respuesta genérica que podría no cumplir con las expectativas del cliente.

4. Implementación de la solución
- Ejecutar la acción acordada rápidamente y de manera eficiente.

5. Seguimiento y evaluación
- Hay que confirmar que la solución haya respondido a la necesidad del cliente y evaluar retroalimentaciones para ajustar protocolos futuros.

Comunicación clara y empática

Una comunicación clara y empática es elemental al tratar con clientes insatisfechos. La manera de comunicarse puede impactar significativamente en la percepción del cliente sobre cómo se gestionó su queja. Es importante utilizar un **lenguaje positivo y educado, evitar estar a la defensiva y no culpar al cliente por el conflicto.**

En todas las interacciones, el contacto visual adecuado, un tono de voz calmado y lenguaje corporal abierto pueden evitar que aumenten las situaciones tensas. Es esencial que el personal despliegue habilidades de inteligencia emocional que les permitan conectar empáticamente con las emociones del cliente.

 EJEMPLO

Un simple "Lo siento" sincero puede ser suficiente para transformar una actitud inicial de hostilidad en una apaciguada disposición a escuchar una solución.

Capacitaciones continuas del personal

La formación continua del personal es vital para mantener a los empleados preparados para manejar de manera eficaz las reclamaciones y los conflictos. Además de comprender los protocolos internos, el personal debe familiarizarse con las mejores prácticas del sector y las habilidades de servicio al cliente.

Trabajadores recibiendo formación en cocina

Es igualmente importante empoderar al personal de primera línea para que puedan tomar decisiones que resuelvan los problemas eficientemente sin la necesidad de una aprobación prolongada de la gerencia. Esto no solo acelera la resolución de problemas, sino que también mejora la satisfacción laboral de los empleados, ya que les da un sentido de responsabilidad y confianza en sus capacidades.

 **EJEMPLO**

Un camarero debería estar autorizado para ofrecer una bebida de cortesía si un cliente se queja de un retraso en su pedido, sin la necesidad de consultar con un supervisor.

Análisis de casos y aplicación de mejoras continuas

Las empresas de hostelería no solo deben manejar conflictos de manera eficaz, sino que también deben analizar estas situaciones para evitar futuros problemas y que, al menos, no se repitan los mismos errores. Después de resolver una reclamación, el equipo debe realizar un análisis de caso donde se especifique el tipo de problema, la solución que corresponda a cada conflicto, el resultado y lo que se ha aprendido del error o de la situación.

Este análisis debe ser compartido con todo el personal relevante para determinar si existen formas de mejorar o prevenir conflictos similares en el futuro. Implementar protocolos basados en este aprendizaje puede ayudar a mejorar la calidad del servicio y también puede minimizar futuros conflictos, además de aumentar la buena reputación del negocio.

Estrategias de mitigación y prevención

Para lograr que todo el equipo se anticipe a estas posibles situaciones de conflicto, se pueden emplear una serie de estrategias desde el principio; es decir, la empresa puede establecer un protocolo para determinadas actuaciones y que toda la plantilla lo siga. Al igual que un protocolo de atención al cliente marca unos estándares de calidad, el hecho de implementar un proceso común a seguir a la hora de hacer reservas, *check-in, check-out,* etc., además de evitar conflictos, marca una forma de actuar específica de esa empresa que refleja que hay organización y trabajo en equipo.

 **EJEMPLO**

Al realizar una reserva, asegúrate de que toda la información relevante haya sido claramente indicada al cliente, incluyendo políticas de cancelación, horarios de *check-in* y tarifas asociadas, de forma que el cliente no se lleve después sorpresas con cargos adicionales que no esperaba. Todo debe quedar bien reflejado y por escrito.

Uso efectivo de tecnología

La tecnología puede ser una aliada para una gestión eficaz de reclamaciones y conflictos. El *software* especializado puede ayudar en la gestión de servicios al cliente, registrando interacciones, seguimiento de casos y análisis de tendencias. Implementar un sistema de gestión de relaciones con clientes (CRM) puede facilitar un enfoque organizado y proactivo para la resolución de problemas.

 ACTIVIDAD COMPLEMENTARIA

7. En la actualidad, existen muchos *softwares* que incluyen programas de gestión, facilitan la relación con los clientes, recogen datos, determinan qué servicios son los más utilizados, los productos más demandados, las tarifas más recomendables en función del perfil de los clientes, los eventos de la ciudad que pueden subir la ocupación del establecimiento y otras funciones como gestionar reservas, aplicar tarifas, etc.

   Están los CRM *(customer relationship management)*, los PMS *(property management system)* y los CRS (sistema central de reservas).

   Cada *software* tiene sus funciones, y algunos ya tienen integradas las tres funciones.

   Investiga, con ayuda de la red, la función de cada *software*. Pon un ejemplo de cada uno.

TAREA 7

Juan trabaja como recepcionista en el Hotel Mediterráneo. A diario, atiende a muchos clientes y, en ocasiones, recibe comentarios sobre el servicio. Hoy, tres clientes distintos se acercan al mostrador y le transmiten lo siguiente:

Primer cliente:

"Buenas tardes, quería comentarle que el aire acondicionado de mi habitación hace un poco de ruido. No es grave, pero quizás podrían revisarlo para mayor comodidad de los próximos huéspedes".

Segundo cliente:

"Disculpe, estoy bastante molesto. Anoche no pude dormir bien porque el aire acondicionado hacía un ruido muy fuerte. Me gustaría que me cambiaran de habitación o que me compensaran de alguna forma".

Tercer cliente:

"Hola, quería decirles que sería fantástico que consideraran instalar máquinas expendedoras en cada planta. A veces da pereza bajar al bar solo por una botella de agua".

¿Qué tipo de comunicación es cada caso?

Clasifica los comentarios de los clientes según sean reclamación, queja o sugerencia. Justifica tu respuesta.

3.2. Habilidades sociales para la resolución de conflictos: percepción del cliente, manejo de emociones, escucha activa, empatía, asertividad

En el ámbito de la hostelería, la atención al cliente es un elemento fundamental que influye significativamente en la satisfacción y fidelización del cliente. Sin embargo, no todos los encuentros con los clientes son ideales y, en ocasiones, se presentan conflictos o reclamaciones que deben ser gestionadas con destreza.

En este contexto, los siguientes elementos son clave para gestionar estos conflictos:

➲ **Percepción del cliente:** percibir al cliente implica comprender cómo se siente y lo que necesita. Las habilidades de percepción van más allá de escuchar las palabras que el cliente expresa; implican observar sus gestos, tono de voz y otros indicios no verbales que aportan información sobre su estado emocional y sus expectativas. Hay que tener en cuenta que los clientes pueden haber tenido un vuelo largo, o haberse levantado temprano, o haber tenido algún percance en el viaje, y no podemos esperar que esté igual que nosotros; además, cada persona transmite de forma diferente en función de su forma de ser. Nosotros debemos ser capaces de intuir qué respuesta debemos dar a cada cliente, y de qué forma.

➲ **Manejo de emociones:** el personal de hostelería debe estar suficientemente entrenado para reconocer sus propias emociones en tiempo real y separar sus sentimientos personales de la situación que enfrenta. De esta manera, se evitarán reacciones impulsivas y se mantendrá la profesionalidad, incluso en situaciones de alta tensión. Esto no es fácil, pero con las técnicas adecuadas se puede conseguir. Para separar lo personal de lo profesional y que no se refleje nuestro estado de ánimo de cara al público, hay que imaginar que somos nosotros los que estamos entrando en el hotel, y cómo nos gustaría que nos atendieran.

➲ **Escucha activa:** la escucha activa es una habilidad que implica escuchar con atención plena, no solo el mensaje verbal, sino también el no verbal. Lo que nos dicen las manos del cliente cuando las mueve al hablar, la expresión de su cara o el tono pueden cambiar el mensaje, aunque use las mismas palabras.
Asentir con la cabeza para mostrar que se está comprendiendo al cliente, repetir en voz alta ciertas palabras o solicitar aclaraciones que no cuestionen, sino que refuercen un deseo real de ayudar, son técnicas que reflejan que estamos concentrados en las necesidades de los clientes, y eso se nota.

➲ **Empatía:** la empatía se entiende como la capacidad de ponerse en el lugar del cliente, y es clave para establecer un vínculo que facilite la resolución del conflicto. En momentos de tensión, un cliente que percibe que el empleado comprende su frustración o decepción está más dispuesto a aceptar otras opciones y a dar una segunda oportunidad al servicio del establecimiento.

➲ **Asertividad:** ser una persona asertiva implica expresar los propios puntos de vista y necesidades de una manera clara, directa y respetuosa, sin agresión ni pasividad. En contextos donde se necesita manejar las expectativas del cliente, la asertividad permite dejar claro lo que el hotel puede y no puede ofrecer, al tiempo que se muestra respeto hacia las demandas del cliente.

3.3. Convertir problemas en oportunidades

Saber transformar un desafío en una ventaja competitiva es una habilidad crucial que puede elevar la calidad del servicio ofrecido y fortalecer la relación con los clientes. A continuación, vamos a ver diversas estrategias y conceptos con los que aprenderás a transformar problemas en oportunidades. Te enseñamos el concepto y cuáles pueden ser los conflictos que pueden surgir en un establecimiento:

- **Convertir problemas en oportunidades:** un conflicto que no ha llegado a convertirse en una queja, gestionado de forma eficiente tanto técnica como emocionalmente, puede cambiar la percepción del cliente sobre ese conflicto. Es decir, algo que le ha podido resultar molesto, si se soluciona de una forma eficaz y, además, el trato recibido ha sido amable y cordial, puede dejar de ser considerado un problema y el cliente puede pasar a centrarse en que la persona que lo ha resuelto es un buen profesional.
- **La naturaleza de los problemas en hostelería:** los problemas en hostelería pueden surgir por diversas razones: desde el servicio de alimentos y bebidas, la limpieza de las habitaciones, hasta las interacciones con los empleados. Cada punto de contacto con el cliente puede convertirse en una fidelización o terminar en un conflicto. En nuestra mano está que, si se convierte en conflicto, sepamos solucionarlo haciendo que el cliente le quite importancia y siga disfrutando de su estancia y lo convierta en algo puntual o, incluso, anecdótico.

◉ EJEMPLO

Si un cliente llega al restaurante a primera hora del mediodía y pide un plato que no tenemos porque ha fallado el proveedor, podemos decir que no hay (que no queda muy bien y transmite desorganización y falta de previsión) o bien podemos ofrecerle algo muy bueno que tengamos en la carta y que sea parecido (de esta forma, nos adelantamos esquivando el conflicto, el cliente agradece que le recomendemos algo bueno y, además, no decimos "no hay", que es algo que hay que evitar siempre).

Cambio de mentalidad: del problema a la oportunidad

Para conseguir que el cliente pase de estar molesto por un conflicto a estar agradecido porque se ha resuelto, debemos cambiar nuestra mentalidad y aprender a mirar los problemas como algo que nos va a permitir mejorar, y no como un fracaso definitivo. Para eso, es fundamental estar abiertos a cambiar el enfoque, y esto es posible con el desarrollo de ciertas habilidades a la hora de expresarse, agilidad mental, y dominio del lenguaje verbal y corporal. Es muy importante que el cliente no reciba por nuestra parte inseguridad, frustración ni mal humor.

Los requisitos fundamentales para lograr este cambio de mentalidad son:

➲ **Enfoque positivo:** el primer paso para transformar problemas en oportunidades es el enfoque. Cambiar la mentalidad de un equipo de trabajo para ver los problemas como desafíos y oportunidades en lugar de inconvenientes es esencial. Esto puede lograrse mediante entrenamiento regular, revisiones de procedimientos y una cultura laboral que valore tanto el *feedback* positivo como el negativo. Promover un ambiente donde el personal se sienta seguro para identificar problemas y proponer soluciones es crucial.
➲ **Receptividad y apertura al cambio:** la resolución de problemas es inseparable del cambio. Al animar a los empleados a ser receptivos a nuevas ideas y enfoques, se fomenta una cultura de innovación constante. Los equipos deben estar preparados para probar nuevos métodos y ser ágiles en la implementación de cambios para mejorar el servicio.

 **EJEMPLO**

Establecer un protocolo donde cada queja o problema sea revisado en reuniones internas. Estos encuentros podrían ser una vía no solo para encontrar soluciones, sino también para desarrollar nuevas pautas y protocolos de trabajo.

Involucrarse y responsabilidad compartida

Para conseguir que todo el equipo se involucre y participe en esta forma de entender la resolución de los conflictos, debemos darles formación, y transmitirles que son importantes, que su labor es imprescindible, y que con estos nuevos conceptos que les vamos a enseñar serán grandes profesionales de la atención al cliente. En este tipo de enfoque intervienen dos factores:

Empoderamiento del personal	Cultura de colaboración
- El empoderamiento del personal no solo significa delegar responsabilidades, sino también dotar a los empleados de las herramientas y la autoridad necesarias para tomar decisiones. Cuando el personal de hostelería se siente capacitado para actuar al enfrentarse a un problema, no solo se genera un sentido de importancia y pertenencia, sino que se incrementa la eficiencia en la resolución de problemas. La formación constante y un acceso fácil a recursos de toma de decisiones aumentan esta capacidad.	- Fomentar un enfoque de trabajo colaborativo asegura que, cuando surgen problemas, se abordan con el apoyo y la experiencia colectivos. Esto no solo beneficia al cliente, al encontrar soluciones más eficaces, sino que también mejora el trabajo en equipo y la moral del personal. Programas como reuniones interdepartamentales y talleres de habilidades centrados en la resolución de problemas pueden mejorar este sentido colaborativo.

Proceso continuo de mejora

Para conseguir que todo el equipo integre estos conceptos, y que los apliquen de forma casi automática a la hora de atender a los clientes, es fundamental que los trabajadores y trabajadoras cuenten con una formación continuada y con un posterior seguimiento. La retroalimentación es fundamental para que la plantilla sepa que la empresa los trata como a profesionales válidos y que cuenta con ellos en el futuro. A continuación, te lo explicamos con más detalle.

Ciclo de retroalimentación

Adoptar un ciclo de retroalimentación efectivo implica cerrar el círculo entre la recepción de un problema, su análisis, la implementación de una solución provisional y su posterior seguimiento para verificar que el problema no se repita. Un ciclo de retroalimentación debe incluir lo que te mostramos:

Identificación del problema
- A partir de quejas directas de los clientes o de auditorías a procedimientos internos.

Análisis de causa raíz
- Comprender por qué ocurrió el problema y qué puede hacerse para prevenirlo.

Desarrollo e implementación de soluciones
- No solo para el problema inmediato, sino para cualquier cuestión sistemática que pueda haber contribuido a su ocurrencia.

Revisión y ajuste de procedimientos
- Para asegurar que los cambios implementados tienen el efecto deseado.

3.4. Aprender de la experiencia

Aprender de la experiencia se erige como un pilar fundamental para promover la mejora continua y para fortalecer la calidad del servicio. Ahora, nos centraremos en cómo las experiencias pasadas, tanto positivas como negativas, pueden ser utilizadas por los profesionales de la hostelería para nutrir sus habilidades y optimizar el proceso de resolución de conflictos y gestión de reclamaciones. Una habilidad que está intrínsecamente ligada con la capacidad de aprendizaje es, precisamente, saber transformar los problemas en oportunidades, y esto también mejora a través de la experiencia, es decir, lo que se conoce como aprendizaje experiencial. Podemos aprender de cada cliente y de cada situación, y esto es muy importante porque, con el tiempo, sabremos manejar mejor los posibles conflictos que se puedan presentar.

Ciclo de aprendizaje de Kolb

Para estructurar el proceso de aprendizaje a partir de experiencias pasadas, el ciclo de aprendizaje de Kolb es una herramienta sumamente eficaz. Este ciclo sugiere cuatro etapas: experiencia concreta, observación reflexiva, conceptualización abstraída y experimentación activa. Veamos cómo cada etapa se puede aplicar en el entorno hostelero:

➲ **Experiencia concreta:** esta etapa implica participar directamente en una situación. En un contexto hostelero, esto se traduce en la interacción directa con los clientes, ya sea en un momento de servicio impecable o durante una reclamación compleja. Por ejemplo, cuando un huésped se queja de que su habitación está sucia, este evento se convierte en una experiencia concreta.

➲ **Observación reflexiva:** una vez que la situación se ha experimentado, es crucial reflexionar sobre lo ocurrido. Preguntas como "¿Qué sucedió realmente?", "¿cómo se sintieron las partes involucradas?" o "¿cómo se manejaron las emociones durante el evento?" son útiles. Por ejemplo, tomar notas después de un encuentro con un cliente insatisfecho puede profundizar el entendimiento del evento y facilitar el próximo paso.

➲ **Conceptualización abstraída:** en esta etapa, las observaciones se transforman en conceptos abstractos que pueden ayudar en futuras situaciones. Esto implica sacar conclusiones sobre qué fue efectivo en la gestión del problema y qué elementos podrían mejorarse. Por ejemplo, siguiendo con el ejemplo del cliente que se encuentra la habitación sucia, se puede concluir que la comunicación directa y la empatía fueron cruciales para apaciguar al cliente molesto por la falta de limpieza.

Construir una cultura de aprendizaje

Para que el aprendizaje experiencial sea verdaderamente efectivo, debe integrarse en la cultura organizativa de un establecimiento hostelero. Esto requiere un entorno donde se fomente la reflexión y se valoren las lecciones derivadas de cada situación; es decir, que se aprenda de las experiencias vividas y no se repitan los errores una y otra vez, algo que pasa mucho cuando no existe esa cultura en los establecimientos.

A continuación, te mostramos algunas estrategias para cultivar esta cultura del aprendizaje:

➲ **Fomentar la retroalimentación:** crear canales efectivos para la retroalimentación, tanto de los clientes como del personal, es esencial. Las encuestas de satisfacción y las sesiones de retroalimentación son métodos eficaces para recopilar *insights* valiosos que pueden guiar el proceso de aprendizaje.

➲ **Capacitaciones continuas:** ofrecer capacitaciones regulares que se centren en habilidades blandas, como la empatía, la comunicación y la resolución de conflictos, puede preparar mejor al personal para enfrentar cualquier eventualidad.

➲ **Establecer un sistema de lecciones aprendidas:** documentar y compartir lecciones aprendidas a través de un sistema organizado permite a todos los miembros del equipo beneficiarse de las experiencias individuales. Por ejemplo, una base de datos de casos pasados y sus soluciones puede ser una herramienta valiosa para el personal nuevo.

➲ **Promover el liderazgo empático:** los líderes en la hostelería deben modelar comportamientos de aprendizaje y empatía, mostrando cómo se debe gestionar una situación desafiante y, lo más importante, cómo aprender de ella. Inspirar y motivar a los empleados a adoptar esta mentalidad de aprendizaje continuo es fundamental.

 TAREA 8

En el Hotel Mediterráneo, nada más abrir sus puertas, viene una pareja que está celebrando un aniversario y con la que se cometen varios errores.

El primer error que cometen con ellos es que los instalan en una planta del hotel donde hay grupos que se alojan en varias habitaciones, y que a todas horas entran y salen de las habitaciones con la música alta y armando escándalo en los pasillos. Además, los clientes, al entrar en su habitación ven que les han asignado dos camas separadas, y ni siquiera les han puesto unas flores, que es lo que habían pedido. La pareja en cuestión se queja en la recepción y te dicen que si no pones solución a estas incidencias se marcharán del hotel, no volverán y dejarán una reseña negativa en la página web. El recepcionista que está en ese momento se disculpa y les ofrece por el mismo precio una *suite* que está vacía y en otra planta, donde inmediatamente les van a llevar una botella de cava y una cesta de fruta fresca.

Clasifica esos errores dentro de cada etapa del ciclo para identificar dónde empiezan los problemas y aportar las soluciones o estrategias que tú consideres que son las apropiadas para gestionar estas incidencias. Ayúdate con los ejemplos que has visto de estas etapas.

Medición del impacto del aprendizaje

Finalmente, para asegurarse de que los métodos de aprendizaje basados en la experiencia realmente benefician a la organización, es importante implementar métricas para evaluar su impacto. Te presentamos a continuación puedes ver cómo se aplican:

Tasa de resolución de conflictos
- Supervisar la rapidez y eficacia con la que se resuelven las reclamaciones puede ayudarnos a comprobar si el proceso de aprendizaje está funcionando.

Índices de satisfacción del cliente
- Evaluar regularmente los índices de satisfacción brinda datos sobre si los cambios implementados están teniendo el efecto positivo deseado.

Encuestas de clima laboral
- Obtener *insights* de los empleados sobre el ambiente de trabajo y su percepción del apoyo organizativo en el desarrollo de su aprendizaje destaca áreas de mejora internas.

Incremento en la retención de personal
- Un ambiente que apoya el crecimiento y el aprendizaje conduce a una mayor satisfacción laboral y retención del personal, lo cual es clave en la creación de un equipo competente y estable.

ACTIVIDAD COMPLEMENTARIA

8. Busca ejemplos de manuales de procedimientos de recepción y describir los más importantes.

APLICACIÓN PRÁCTICA

Juan es recepcionista en el Hotel Mediterráneo. Un cliente se presenta en recepción visiblemente molesto porque, tras haber realizado una reserva *online*, al llegar al hotel le informan de un cargo adicional por el uso del aparcamiento, un coste que no se le había indicado previamente. El cliente expresa su enfado y exige una explicación y una solución inmediata.

Continúa en página siguiente >>

<< Viene de página anterior

Juan quiere gestionar esta situación de la mejor forma posible para evitar que la queja se convierta en una reclamación formal y que el conflicto se agrave.

¿Cuál sería la actuación inicial más adecuada de Juan, según las pautas eficaces de gestión de quejas?

Solución

Mostrar empatía y escucha activa, disculparse por el malentendido y ofrecerse a revisar la reserva y las condiciones para buscar una solución adecuada.

Según las buenas prácticas en la gestión de reclamaciones:

- La escucha activa y la empatía son esenciales para desescalar un conflicto.
- Una disculpa sincera (aunque el error no sea del hotel) ayuda a calmar al cliente.
- Revisar la situación con el cliente demuestra interés en resolver el problema y convierte una posible reclamación formal en una oportunidad de mejora.
- Otras opciones, como defenderse, trasladar el problema sin intentar una solución inicial o culpar al cliente, podrían agravar el conflicto y dañar la reputación del hotel.

---

4. Conocimiento de la normativa existente respecto a la protección de los consumidores y usuarios

☞ **HILO CONDUCTOR**

En el Hotel Mediterráneo, Pedro, el supervisor de la atención al cliente, ha conseguido que el equipo vaya integrando protocolos para atender al cliente, técnicas de comunicación verbal y no verbal, etc. Pero ahora se plantea que, además, la plantilla debería tener conocimientos de la normativa del establecimiento, y de los derechos y obligaciones tanto del hotel como de los clientes,

Continúa en página siguiente >>

<< Viene de página anterior

consumidores o huéspedes. Para que vayan aprendiendo estas leyes y regulaciones, Pedro debe elaborar un resumen de lo más importante relacionado con el tipo de establecimiento.

La protección de los consumidores y usuarios está garantizada por una serie de leyes y normativas que aseguran sus derechos y protegen sus intereses en el mercado. El objetivo principal es asegurar que los consumidores puedan tomar decisiones libres e informadas, protegiendo su seguridad, salud e intereses económicos.

La protección de los consumidores y usuarios en el ámbito de la hostelería es un aspecto crucial que no solo garantiza el cumplimiento de las expectativas de los clientes, sino que también asegura que los negocios operen conforme a las regulaciones de consumo establecidas. El objetivo de este apartado es detallar las normativas principales que rigen este ámbito, proporcionando un marco sólido para que los profesionales del sector comprendan sus obligaciones legales y administren reclamaciones de manera efectiva.

Las leyes de protección del consumidor buscan garantizar que los productos y servicios ofrecidos sean seguros, de la calidad esperada, y que los derechos de los consumidores sean respetados.

Dentro del marco jurídico español, varias leyes y decretos regulan la protección al consumidor. A nivel comunitario, las directivas de la Unión Europea también influyen en estas regulaciones. Las más destacadas son:

- **Ley General para la Defensa de los Consumidores y Usuarios (LGDCU):** establece los derechos básicos, las obligaciones de los empresarios y las formas de resolución de las reclamaciones. Es fundamental que los establecimientos hosteleros estén familiarizados con los derechos que la LGDCU garantiza a los consumidores, tales como el derecho a recibir información veraz, a la seguridad, al correcto etiquetado y a un trato equitativo.
- **Reglamento de información alimentaria para el consumidor (UE):** este reglamento afecta directamente a restaurantes y bares, ya que obliga a informar sobre los alérgenos presentes en la comida. Dado que los consumidores tienen derecho a conocer lo que ingieren, los establecimientos deben catalogar y comunicar de manera precisa cualquier alérgeno presente en sus menús.

⊃ **Normativa sobre cláusulas abusivas:** en el contexto de la hostelería, esto podría referirse a prácticas como imponer cargos adicionales ocultos o tener políticas de cancelación desproporcionadas. Es crucial que las condiciones contractuales sean claras, justas y transparentes.

4.1. Derechos básicos del consumidor en hostelería

Los consumidores poseen una serie de derechos cuando utilizan servicios de hostelería. Conocer y respetar estos derechos no solo es un requisito legal, sino también un componente esencial en la creación de confianza con el cliente. Los derechos más significativos incluyen:

Derecho a la información veraz y comprensible

Los consumidores deben recibir información clara sobre precios, tiempo de entrega, ingredientes de sus alimentos y condiciones de uso de promociones o servicios.

Derecho a la seguridad

Todo producto o servicio debe cumplir con las normativas de seguridad necesarias, evitando así riesgos para el cliente.

Derecho al reembolso o sustitución

En caso de que un servicio prestado no cumpla con lo acordado, los consumidores pueden solicitar una corrección adecuada, como el reembolso o la prestación de un nuevo servicio.

4.2. Procedimientos de reclamación

En caso de insatisfacción, es esencial que los consumidores tengan acceso a un procedimiento de reclamación claro y efectivo. Por lo general, este procedimiento implica:

⊃ **Hojas de reclamaciones:** se trata de un documento en el que los consumidores pueden dejar constancia de su descontento. Es obligatorio tenerlas disponibles en todos los establecimientos donde haya atención al cliente o algún tipo de servicio.

⊃ **Servicio de atención al cliente:** este servicio debe estar capacitado para manejar reclamaciones, escuchar al cliente y ofrecer soluciones rápidas y justas. El trato recibido durante una reclamación puede ser determinante para la satisfacción final del cliente.

⊃ **Arbitraje de consumo:** si las partes no logran llegar a un acuerdo a través de los canales regulares de atención al cliente, el arbitraje se presenta como una opción rápida y gratuita. Este proceso es menos formal que un procedimiento judicial y suele ser más rápido y económico.

 PARA SABER MÁS

En este enlace puedes ver el modelo de una hoja de reclamaciones de la OCU (organización de consumidores y usuarios. Accede para verlo.

https://redirectoronline.com/hotr010303

4.3. Normativa específica en el ámbito comunitario y regional

Mientras que las leyes nacionales proporcionan un marco general, las comunidades autónomas pueden establecer regulaciones adicionales que beneficien a los consumidores. Por ello, el conocimiento de las normativas específicas de cada región es fundamental para garantizar el cumplimiento adecuado. Entre ellas, destacamos:

Etiquetado de productos	- Algunas comunidades pueden tener requisitos adicionales para el etiquetado de productos locales, que deben ser respetadas por los establecimientos que deseen comercializar esos productos.
Normas de seguridad e higiene	- Los gobiernos regionales pueden imponer requisitos adicionales en términos de equipos de seguridad o normas de higiene, como es el caso de la normativa contra incendios, que puede variar ligeramente entre comunidades.

4.4. Normativa de la Unión Europea respecto a la protección de los consumidores y usuarios

La protección de los consumidores y usuarios es un aspecto crucial dentro del ámbito de la hostelería, especialmente en una época en la que los clientes están cada vez más informados y son más exigentes respecto a sus derechos. La Unión Europea (UE), consciente de la importancia de salvaguardar los intereses de los consumidores, ha desarrollado un marco legal robusto y amplio para asegurar que sus derechos sean respetados y promover un mercado justo y transparente. En este apartado, analizaremos las principales normativas de la UE relacionadas con la protección de los consumidores y usuarios aplicables a la industria de la hostelería.

Introducción al marco legal europeo

La legislación de la UE sobre protección a los consumidores está diseñada para establecer un estándar único aplicable en todos los Estados miembros. Esta armonización legal busca proteger a los consumidores frente a prácticas comerciales desleales, garantizar la seguridad de los productos y servicios, y proporcionar directrices claras sobre la prestación de servicios. Algunos de los pilares fundamentales de esta normativa incluyen:

- **La Directiva sobre Derechos de los Consumidores (2011/83/UE):** esta directiva se centra en los contratos celebrados entre consumidores y empresas, y establece requisitos de información precontractual y derechos de desistimiento. Para la hostelería, esto incluye informar claramente a los clientes sobre las condiciones de las reservas, políticas de cancelación y tarifas.

- ⊃ **La Directiva sobre Prácticas Comerciales Desleales (2005/29/CE):** prohíbe las prácticas que puedan engañar a los consumidores y afectar negativamente su comportamiento económico, tales como la publicidad engañosa o las faltas de transparencia en los precios.
- ⊃ **El Reglamento sobre la Seguridad General de los Productos (RSGP):** establece que los productos y servicios proporcionados deben ser seguros. Aunque en hostelería el enfoque se concentra más en la seguridad alimentaria y del entorno, este reglamento se extiende a posibles peligros relacionados con productos de hospitalidad, como equipamientos defectuosos que puedan causar daños.
- ⊃ **La Directiva sobre Servicios en el Mercado Interior (2006/123/CE):** fomenta la libertad para proveer y recibir servicios en la UE, pero también establece normas claras de conducta para asegurar que los derechos de los consumidores no se vean comprometidos en nombre de la libre circulación de servicios.

Aseguramiento de la calidad del servicio

En la hostelería, la percepción de calidad del servicio es fundamental para la satisfacción del cliente. Las normativas europeas establecen que la calidad del servicio debe basarse en principios de equidad, transparencia y respeto hacia el consumidor. Algunas medidas específicas son las que te mostramos a continuación:

Provisión de información clara y completa
- La información sobre el servicio que se va a ofrecer debe ser adecuada y responder a criterios de veracidad. Esto incluye la presentación del menú en términos de ingredientes alérgenos en el ámbito de restaurantes y detalles correctos sobre los servicios ofrecidos en la reserva de habitaciones.

Condiciones de reserva y cancelación
- Se requiere que las políticas de reserva y cancelación sean transparentes y justas. Los clientes deben estar al tanto de sus derechos a cancelar la reserva sin penalización dentro de un marco temporal específico, normalmente estipulado por la directiva sobre derechos del consumidor.

Seguridad alimentaria y protección de la salud

Los alimentos y bebidas ofrecidos en hoteles, restaurantes o cafeterías deben cumplir con los estándares de seguridad establecidos por la legislación de la UE. La normativa clave en este ámbito es el **Reglamento (CE) N.º 852/2004** relativo a la higiene de los productos alimenticios, que estipula requisitos higiénicos generales para todos los operadores de empresas alimentarias. En el contexto de la hostelería, esto quiere decir:

Cumplimiento de normas de higiene	Información detallada al consumidor

Protección de los datos personales y privacidad

La Regulación General de Protección de Datos (RGPD) tiene un impacto significativo dentro de la industria de hostelería respecto a la protección de la información personal de los clientes. Las empresas deben:

Garantizar la protección de datos personales	- Recopilar, almacenar y gestionar datos personales de manera que se proteja la privacidad de los clientes. - Esto incluye desde información básica sobre reservas o pagos hasta hábitos de consumo compartidos por los clientes.
Políticas de privacidad claras y concisas	- Deben estar disponibles y ser comprensibles para todos los consumidores. - El personal debe estar capacitado para manejar los datos personales de forma segura y responsable.

PARA SABER MÁS

En la siguiente guía se detallan los aspectos clave de la Ley de Protección de Datos para hoteles. Accede desde aquí.

Continúa en página siguiente >>

<< Viene de página anterior

https://redirectoronline.com/hotr010304

 ## ACTIVIDAD COMPLEMENTARIA

9. Busca ejemplos de normas que deben cumplir los hoteles para ajustarse a la Ley de Protección de Datos. Pueden ser normas relacionadas con clientes, empleados, con los datos de las páginas web, los currículos que reciben, las plataformas como *Booking*, etc.

 ## APLICACIÓN PRÁCTICA

Susana, la jefa de recepción del Hotel Mediterráneo, ha recibido un correo de un cliente que una hora antes de entrar en el hotel y registrarse ha decidido cancelar la reserva y pretende que se le reembolse el total del precio de la habitación.

Le debe indicar al cliente que hay una política de cancelación que determina que hay un límite de tiempo para cancelar antes de la fecha de entrada en el hotel, y que marca la cantidad que se puede reembolsar de la reserva. Además, dependiendo de ese tiempo, a lo mejor no se le puede devolver ninguna cantidad. ¿Cuál sería la respuesta más adecuada?

Solución

Le debe mostrar al cliente la política de cancelación, que está en el mismo apartado donde el cliente hace la reserva, y ofrecerle un descuento por reservar en otro momento.

Continúa en página siguiente >>

<< Viene de página anterior

La política de cancelación de los hoteles es bastante parecida, y en todos hacen un reembolso total cuando esta cancelación tiene lugar varios días antes del registro; pero cuando esta cancelación se produce 24 horas antes de entrar en el hotel, no hay reembolso ninguno.

4.5. Normativa aplicable en España respecto a la protección de los consumidores y usuarios

La protección de los consumidores y usuarios en España es un aspecto esencial del sistema legal que asegura que cualquier individuo que adquiera productos o servicios reciba un trato justo y transparente. Esta protección se lleva a cabo a través de un marco legal sólido que busca equilibrar la relación entre consumidores y empresas, promoviendo la equidad en las transacciones y garantizando la calidad de los bienes y servicios.

Marco legislativo nacional

La base de la normativa española sobre protección de consumidores y usuarios se encuentra en la Ley General para la Defensa de los Consumidores y Usuarios, y en otras leyes complementarias, como el **Real Decreto Legislativo 1/2007, de 16 de noviembre.** Esta legislación tiene como objetivo proteger a los consumidores y usuarios frente a abusos, garantizar sus derechos fundamentales y fomentar una competencia justa en el mercado.

Definición de consumidores y usuarios	- La normativa española establece claramente quiénes son considerados consumidores y usuarios: cualquier persona física o jurídica que actúa con un propósito ajeno a su actividad comercial, que adquiere, utiliza o disfruta productos o servicios como destinatario final.
Derechos básicos de los consumidores	- La ley reconoce una serie de derechos básicos, como el derecho a ser informados de manera correcta sobre los productos y servicios, a recibir protección contra riesgos que puedan afectar a la salud o seguridad, así como el derecho a ser compensados por daños sufridos por bienes o servicios defectuosos.

Principales aspectos de la normativa

A continuación, te mostramos los principales aspectos de la normativa aplicable en España respecto a la protección de los consumidores y usuarios:

- **Información y etiquetado:** uno de los pilares fundamentales de la normativa es el derecho a la información. Los consumidores deben recibir toda la información relevante sobre los productos y servicios que adquieren de manera clara, veraz y comprensible. Esto incluye aspectos como las características del bien o servicio, su precio final, las condiciones de contratación y los métodos de pago. El etiquetado de productos es un componente crucial, especialmente en la industria alimentaria y farmacéutica, y asegura que los consumidores tengan acceso a información sobre ingredientes, alérgenos y fechas de caducidad.
- **Contratos y prácticas comerciales:** la ley también regula los contratos entre consumidores y empresas, prohibiendo cláusulas abusivas que puedan colocar al cliente en una posición de desventaja injusta. Por ejemplo, las cláusulas que eximen de responsabilidad al vendedor en caso de daños son consideradas nulas.
  Además, la normativa busca prevenir las prácticas comerciales desleales, que incluyen publicidad engañosa o agresiva, y asegura que las promociones sean claras y honestas.
- **Garantías y servicios posventa:** todos los productos tienen que ofrecer un mínimo de dos años de garantía. Los consumidores pueden reclamar la reparación o reemplazo de un producto defectuoso sin coste alguno durante este período. Asimismo, la normativa asegura que los servicios posventa, como el soporte técnico, sean accesibles y proporcionales al producto adquirido.

 PARA SABER MÁS

El mero hecho de que el cliente no disfrute del sabor de un plato no es motivo para no pagarlo. Si el restaurante ha ofrecido una solución (como cambiar el plato o preparar algo diferente), el cliente está obligado a pagar por el servicio recibido.

La legislación europea, incluyendo la española, protege a los consumidores frente a irregularidades como precios abusivos o publicidad engañosa. Sin embargo, no cubre la insatisfacción con el sabor de un plato si se ha ofrecido una solución.

Continúa en página siguiente >>

<< Viene de página anterior

Aunque la ley protege a los consumidores, no pagar un plato que se ha consumido y que está en buen estado no está incluido en esa protección. En el siguiente enlace del portal del consumidor lo indica claramente. Accede desde aquí.

https://redirectoronline.com/hotr010305

 **TAREA 9**

En un restaurante del centro de Madrid, un sábado por la mañana, con la sala vacía porque es temporada vacacional en la ciudad, entra una pareja y pide una mesa para comer. La *maître* les atiende personalmente porque considera que, ya que son los únicos clientes, darles el servicio completo de la comida es una forma de mostrarles que estamos muy agradecidos por su visita y que queremos que se sientan perfectamente atendidos.

La pareja pregunta por las especialidades de pescado y la *maître* les recomienda besugo al horno y bacalao confitado. Después de tomar nota, habla con el jefe de cocina y le pide que ponga las mejores piezas de todas las que tiene, y las más grandes para que se vayan satisfechos.

Una vez que saca los platos, la *maître* escucha, cuando se da la vuelta, que la señora dice que el besugo es muy grande y que no va a comérselo entero, pero, lejos de decir algo en ese momento, empieza a comérselo.

Cuando termina, la señora, que ya se ha comido la mitad del besugo, dice que el pescado estaba malo. Con toda la prudencia del mundo, la *maître* le responde que la pieza ha llegado fresca por la mañana y que está perfectamente, pero que, si no le ha gustado, se lo cambia por otro plato al que, con mucho gusto, invitará el establecimiento. Pero la señora dice que no le interesa y pide la cuenta.

Continúa en página siguiente >>

<< Viene de página anterior

La *maître* le lleva la cuenta donde, por supuesto, y como marca la ley, se le cobra el besugo. Cuando la señora lo ve, pide la hoja de reclamaciones. La *maître* se la lleva.

En la hoja, los clientes no son los únicos que pueden exponer su caso; el establecimiento también puede. En este caso, la ley dice que al cliente siempre hay que ofrecerle una alternativa si algo no le ha gustado, con lo que la *maître* ha cumplido con su obligación.

Teniendo en cuenta que tú eres la *maître,* debes exponer la queja de la clienta, pero también el hecho que ha tenido lugar y la opción que le has ofrecido a la señora. Debes reflejar que has actuado correctamente y hacerlo de tal modo que se entienda bien lo que ha pasado, y que no haya lugar a dudas.

Para que te orientes, te ponemos este enlace donde te dicen cómo debes rellenarla.

https://redirectoronline.com/hotr010306

Rellena los siguientes campos de la hoja de reclamaciones con los datos y el motivo de la reclamación expuesto en el enunciado:

Datos del reclamante	Completa los campos: Nombre, NIF, dirección, etc. (invéntalos si es necesario).
Datos del establecimiento	Completa con nombre ficticio de hotel, dirección, NIF.
Motivo de la queja o reclamación	Redacta en 4-5 líneas lo ocurrido y qué solicita el cliente.
Observaciones del establecimiento	Redacta la respuesta o alegaciones del hotel.
Firmas	Firma del reclamante y del establecimiento (simulada).

Procedimientos de reclamación y resolución de conflictos

España ha establecido mecanismos claros para la reclamación y resolución de conflictos orientados a proteger y facilitar la defensa de los derechos de los consumidores. Algunos de estos mecanismos son:

Proceso de reclamaciones
- Los consumidores tienen la opción de presentar reclamaciones por vías amistosas inicialmente, como contacto directo con el proveedor del producto o servicio. Si la reclamación no se resuelve de esta manera, los consumidores pueden acudir a las OMIC (oficinas municipales de información al consumidor), que facilitan la mediación y el arbitraje.

Juntas arbitrales de consumo
- El sistema arbitral de consumo es una alternativa a la vía judicial, más rápida y gratuita, y se basa en la intervención de un órgano imparcial que resuelve las controversias entre consumidores y empresas. Las resoluciones de estas juntas son vinculantes.

Vías judiciales
- Finalmente, los consumidores que no logren solucionar sus conflictos por vías alternativas pueden recurrir a la justicia civil. Sin embargo, esta opción tiende a ser la última por su demora y por sus costes asociados.

 TAREA 10

Juan trabaja como recepcionista en el Hotel Costa Sol. En plena temporada alta, un huésped se presenta en la recepción muy molesto. Ha tenido un problema con el servicio del hotel y desea presentar una reclamación formal.

El huésped dice lo siguiente:

"Buenas tardes. Estoy muy enfadado. Ayer por la noche llamé dos veces al servicio de habitaciones para pedir la cena y no me cogieron el teléfono. Al final, tuve que salir fuera del hotel a buscar algo abierto a las 23:00 h cuando, además, en la carta que tengo en la habitación pone que ustedes cierran la cocina a las 23:30 h. Esto no es lo que espero de un hotel de cuatro estrellas. Quiero que se tomen medidas y que me ofrezcan una compensación".

Continúa en página siguiente >>

<< *Viene de página anterior*

Clasifica el tipo de reclamación:

¿Es por un fallo en el servicio, por una falta de atención, por un incumplimiento de lo prometido o por otra causa?

Describe los pasos que debe seguir Juan para gestionar correctamente esta reclamación; incluye desde la escucha activa hasta la posible resolución final.

Redacta una posible respuesta profesional que Juan podría dar en el momento.

Indica qué tipo de compensación podría ofrecerse de forma adecuada al cliente.

Normativa sectorial en hostelería

Higiene y seguridad alimentaria contemplan la protección de los consumidores en este sector específico, considerando su particular relación con el cliente. En este gráfico te mostramos algunas de esas regulaciones:

- **Reglamentación de servicios de alojamiento y restauración:** abarca desde la clasificación de los establecimientos de hospedaje hasta los derechos y deberes de los consumidores en restaurantes y bares. Incluye aspectos del etiquetado alimentario, higiene, transparencia en precios y sistemas de reserva y cancelación.
- **Higiene y seguridad alimentaria:** la normativa sobre seguridad alimentaria es estricta. Los establecimientos de hostelería deben cumplir con normas rigurosas que aseguren la salubridad de los alimentos ofrecidos. Esto protege a los consumidores frente a prácticas negligentes o peligrosas.
- **Atención a reclamaciones en hostelería:** las empresas de hostelería deben disponer de hojas de reclamaciones accesibles al público, y deben responderlas en un tiempo razonable. Estas hojas son el inicio formal para muchas situaciones conflictivas, y permiten a los consumidores exponer sus quejas oficialmente.

PARA SABER MÁS

A continuación, puedes ver la normativa que regula el etiquetado de alimentos. Accede desde aquí.

Continúa en página siguiente >>

<< Viene de página anterior

https://redirectoronline.com/hotr010307

Administración y organismos de protección al consumidor

Las administraciones ofrecen diferentes organismos de protección al consumidor, también las que funcionan con subvenciones y suscripciones como OCU y FACUA, que tienen algunos servicios gratuitos y otros a través de suscripción.

A continuación, te mostramos los dos tipos de organismos de los que dispone el consumidor:

➲ **Agencias y organismos oficiales**: la Agencia Española de Consumo, Seguridad Alimentaria y Nutrición (AECOSAN) desempeña un papel fundamental en la supervisión y gestión de la protección del consumidor. Esta agencia coordina esfuerzos a nivel nacional para garantizar que los derechos del consumidor sean respetados y se encarga, entre otras cosas, de la retirada de productos peligrosos del mercado.

➲ **Colaboración comunitaria e internacional:** la protección del consumidor en España no es solo una cuestión de legislación interna, sino que también implica una estrecha colaboración con organismos europeos e internacionales. Esto garantiza que las políticas de protección sean acordes con los estándares globales, beneficiando así a los consumidores españoles.

Impacto de la normativa en la protección de consumidores

La legislación vigente ha tenido un impacto positivo significativo en la protección de los consumidores. Siguiendo las regulaciones de la Unión Europea y desarrollando leyes específicas, España ha creado un sistema de protección sólido que asegura una competencia leal y la defensa efectiva de los derechos de los consumidores. A continuación, te mostramos el impacto que ha supuesto nuestro sistema:

Beneficios para los consumidores	Reconocimiento internacional
- Se ha observado una mejora en la calidad de los productos y servicios disponibles, así como un mayor nivel de transparencia por parte de las empresas. Los consumidores gozan de más seguridad y confianza al realizar transacciones, sabiendo que existen mecanismos claros para proteger sus derechos.	- El sistema de protección al consumidor de España es reconocido por su efectividad y por promover una cultura de responsabilidad empresarial. Esto, a su vez, hace de España un entorno atractivo tanto para negocios como para consumidores.

Educación y concienciación del consumidor

Además, se busca intensificar la educación del consumidor para potenciar su conocimiento sobre los derechos que lo amparan y de los mecanismos de reclamación disponibles, asegurando que pueda ejercerlos de manera eficiente y consciente.

En conclusión, la normativa española sobre protección de consumidores y usuarios es clave para asegurar unas relaciones de consumo justas y equitativas. Al mismo tiempo, se adapta constantemente a la realidad social y económica cambiante para enfrentar los nuevos desafíos, siempre con el objetivo central de proteger los intereses de los consumidores.

Cambios en la normativa en el registro de datos de los clientes en alojamientos y alquileres de vehículos

Los cambios que se mencionan han incluido otro tipo de alojamientos que no son solamente los hoteleros, puesto que ahora hay otro tipo de oferta, como los *campings,* los pisos de alquiler turístico, los estacionamientos de autocaravanas, incluso los operadores que hacen de intermediarios que se ocupan de las reservas, plataformas digitales, etc.

La normativa que se actualiza data del año 1959, con lo que había quedado obsoleta. Además de regular los establecimientos, incluye tres nuevas normas:

Información de parentesco	- Cuando haya adultos que se registren con menores de edad, deberán informar del parentesco que tienen con dichos menores, incluidos los que viajen en grupo.
Registro de la forma de pago	- Cuando las empresas realicen transacciones comerciales, deberán registrar si la forma de pago es en efectivo, con tarjeta o con paso a través de alguna plataforma.
Registro de alquiler de vehículos	- La ley anterior data de 1974. - La normativa nueva incluye el registro de datos cuando se alquile a través de plataformas digitales e intermediarios.

PARA SABER MÁS

Todas estas actualizaciones en la normativa de registro de datos las puedes encontrar en la página oficial del Ministerio del Interior. A continuación, compartimos dos enlaces, tanto del registro como de los partes que se deben cumplimentar. Accede desde aquí.

https://redirectoronline.com/hotr010308

https://redirectoronline.com/hotr010309

Ley de desperdicio alimentario

Esta nueva ley tiene por objeto reducir la cantidad de alimentos que se desperdician a diario, sobre todo en los establecimientos donde se sirven comidas. No solo se refiere a los hoteles o restaurantes, sino que también abarca hospitales, colegios y colectividades. La intención es evitar el desperdicio en toda la cadena alimentaria, es decir, desde la producción hasta que llega a los hogares de los consumidores, pasando por el transporte.

Esta normativa trata de regular de alguna manera el destino de los alimentos que son aptos para el consumo humano que, a menudo, van a parar a la basura. Es esencial aprovechar mejor los recursos y controlar más la trazabilidad de los productos, es decir, hacer mayor seguimiento de los alimentos desde que se recolectan o producen hasta que se consumen. Esta ley da prioridad a las siguientes actuaciones:

- **La donación de excedentes:** las empresas deben establecer unas jerarquías de actuación que prioricen la donación de alimentos mediante acuerdos con entidades autorizadas. La norma no admite excusas y prevé sanciones para las empresas de la cadena alimentaria que incumplan esta obligación. De esta ley quedan exentas las empresas con menos de 10 trabajadores, incluidas explotaciones agrícolas y establecimientos comerciales de menos de 1.300 metros cuadrados.
- **La trazabilidad de los alimentos:** las entidades con carácter social y ONG deben garantizar la trazabilidad de los alimentos y asegurar que son aptos para el consumo humano. Esto implica que deben tener una información exhaustiva sobre los alimentos que van a ofrecer a las personas que lo necesiten, y no discriminar en su reparto y distribución.
- **Campañas divulgativas:** las Administraciones públicas competentes se comprometen a colaborar con el sector privado para impulsar campañas que conciencien sobre el desperdicio alimentario y promuevan un consumo y una manipulación responsables de los alimentos, que comienza desde su compra. La idea es promocionar los productos frescos y de proximidad para que la cadena alimentaria sea más sostenible.

5. Resumen

Las reclamaciones, quejas y sugerencias son manifestaciones inevitables de la interacción con los clientes y, si se abordan correctamente, representan una oportunidad invaluable para mejorar los servicios ofrecidos, consolidar la lealtad del cliente y diferenciarse en un mercado sumamente competitivo.

El primer paso en la gestión efectiva de reclamaciones es la identificación adecuada de las mismas, lo que exige la diferenciación clara entre una sugerencia, una queja o una reclamación formal. Este proceso de categorización permite a los profesionales aplicar la estrategia de resolución adecuada y gestionar cada situación con el nivel de atención que merece, minimizando así el impacto negativo y potenciando la resolución positiva del conflicto.

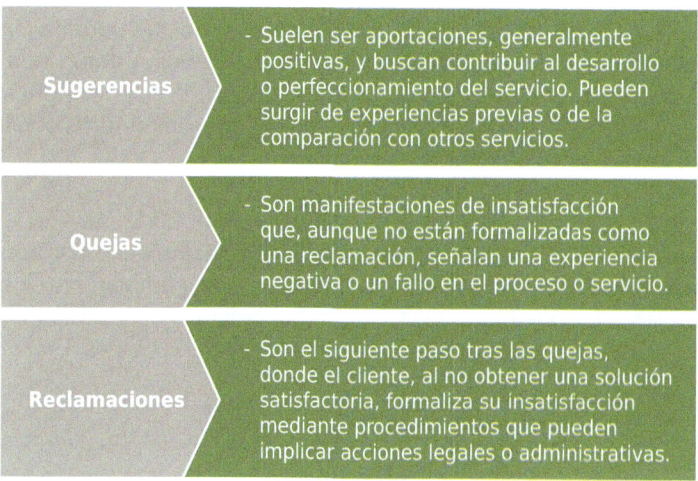

Existen diferentes tipos de reclamaciones en el mundo de la hostelería y la restauración:

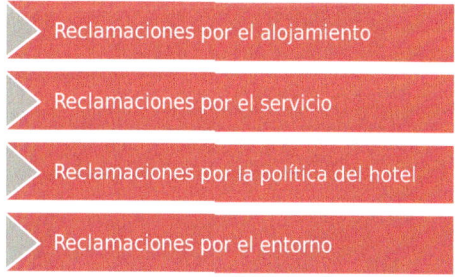

En este sentido, resulta vital explorar cuáles son las reclamaciones y quejas más comunes en el sector de la hostelería, tanto en restauración como en servicios de alojamiento. Con este conocimiento, los profesionales pueden anticipar posibles situaciones de conflicto, establecer protocolos eficientes, y dotar al personal del conocimiento necesario para manejar las reclamaciones con seguridad y eficacia, prevaleciendo siempre el objetivo de satisfacer al cliente.

Las pautas eficaces en la resolución de reclamaciones no solo involucran conocimiento técnico o normativo, sino que también requieren el desarrollo de habilidades sociales clave. La percepción del cliente, el manejo adecuado de las emociones, la escucha activa, la empatía y asertividad son cualidades indispensables que permiten al personal de cara al cliente abordar y resolver conflictos de manera efectiva, transmitiendo al cliente una sensación de compromiso y profesionalidad por parte de la empresa.

Es igualmente esencial adoptar una mentalidad que permita convertir problemas en oportunidades, y ver cada reclamación como una fuente de aprendizaje. Las experiencias problemáticas brindan lecciones valiosas y generan datos que pueden utilizarse para prevenir futuros conflictos y refinar los servicios ofrecidos.

Un conocimiento sólido de la normativa vigente, tanto a nivel europeo como específico del contexto español, en materia de protección de consumidores y usuarios, asegura que las empresas no solo cumplan con los requisitos legales, sino que también refuercen la confianza del cliente en la justicia y transparencia de los procesos frente a sus reclamaciones.

Ejercicios de autoevaluación
Unidad de Aprendizaje 3

1. **Determina cuál de estos enunciados sobre las sugerencias es el correcto:**

    a. Las sugerencias del cliente suelen ser aportaciones, generalmente negativas, y buscan que el hotel haga un descuento al huésped en su estancia.
    b. Las sugerencias del cliente suelen ser aportaciones, generalmente positivas, y buscan contribuir al desarrollo o perfeccionamiento del servicio.
    c. Las sugerencias del cliente suelen ser correos electrónicos al director con el objetivo de cambiar algún tipo de servicio.
    d. Las sugerencias del cliente suelen ser quejas del cliente que se ponen por escrito y se dejan en un buzón de sugerencias que tiene el hotel en la recepción.

2. **Determina si la siguiente oración es verdadera o falsa: "Las quejas son manifestaciones de insatisfacción formalizadas como una reclamación por escrito, que señalan una experiencia negativa o un fallo en el proceso o servicio".**

    ■ Verdadero
    ■ Falso

3. **El retraso en la devolución del pago tras una cancelación, a pesar de múltiples solicitudes previas, puede ser motivo de:**

    a. Una queja
    b. Una reclamación
    c. Una falta leve
    d. Una cancelación de la reserva

4. **Determina si la siguiente oración es verdadera o falsa: "Dentro del marco jurídico español, varias leyes y decretos regulan la protección al consumidor. A nivel comunitario, las directivas de la Unión Europea también influyen en estas regulaciones hoy".**

    ■ Verdadero
    ■ Falso

5. Unos clientes llegan con un niño pequeño después de las 23:00 y han solicitado una cuna, pero parece que no ha quedado registrada esa petición. Las personas del departamento de pisos deben...

    a. ... preparar una cuna y subirla a la habitación.
    b. ... subir la cuna, el equipo de alimentos y bebidas.
    c. ... decir a los clientes que no hay cunas.
    d. ... darles la hoja de reclamaciones.

6. Determina si la siguiente oración es verdadera o falsa: "La calidad y presentación de los alimentos servidos es un componente primordial en la satisfacción del cliente. Cualquier problema con el sabor, la temperatura o la presentación puede derivar en una queja".

    ■ Verdadero
    ■ Falso

7. Según esta afirmación: "La orientación constructiva está dirigida a mejorar el servicio actual", señala el ejemplo correcto de los que mostramos a continuación:

    a. "No me gusta que no haya leche de soja".
    b. "Sería magnífico si pudieran incluir opciones vegetarianas en el menú del desayuno".
    c. "No tengo por qué dejar propina en el restaurante porque no me ha gustado el servicio".
    d. "Tenemos derecho a que incluyan en la reserva un transporte al aeropuerto".

8. ¿Cuál de las siguientes afirmaciones describe mejor una reclamación en el contexto de atención al cliente en hostelería?

    a. Es una sugerencia del cliente para mejorar el servicio sin expresar insatisfacción.
    b. Es una expresión informal de insatisfacción que no requiere una respuesta formal.
    c. Es una manifestación formal de insatisfacción que exige una solución o compensación.
    d. Es una petición del cliente para cambiar su habitación sin estar molesto.

9. **¿Qué estrategia se considera fundamental para evitar que una queja se convierta en una reclamación formal?**

    a. Ofrecer siempre un descuento en la factura.
    b. Escuchar activamente al cliente, responder con empatía y ofrecer soluciones inmediatas.
    c. Remitir siempre al cliente al director del hotel.
    d. Ignorar la queja si el cliente no está muy molesto.

10. **¿Qué ley establece los derechos básicos, las obligaciones de los empresarios y las formas de resolución de las reclamaciones?**

    a. Ley General para la Defensa de los Consumidores y Usuarios (LGDCU).
    b. Ley de Protección de Datos y garantía de derechos digitales.
    c. Reglamento de información alimentaria para el consumidor.
    d. Todas las opciones son incorrectas.

Glosario

Atención al cliente
Conjunto de acciones y estrategias destinadas a satisfacer las necesidades del cliente antes, durante y después de una compra.

Actitud de servicio
Disposición positiva y proactiva para ayudar al cliente y resolver sus necesidades.

Asertividad
Capacidad de expresar los propios pensamientos, sentimientos y necesidades de manera honesta y respetuosa, sin agredir ni permitir que se abuse de uno mismo.

Atención personalizada
Servicio adaptado a las necesidades específicas de cada cliente.

AIDA
Attention (atención), *interest* (interés), *desire* (deseo) *y action* (acción); es un método que busca basarse en el comportamiento del consumidor para descubrir lo que este piensa, necesita y desea. Es una técnica que parte del *marketing,* pero que hoy en día también se utiliza mucho en la atención al cliente.

Base de datos de clientes
Conjunto de información organizada sobre los clientes, útil para brindar un servicio eficiente.

Briefing
Reunión breve para transmitir información clave a los equipos de atención al cliente, generalmente al inicio de una jornada.

Benchmarking
Análisis comparativo de prácticas de servicio al cliente frente a la competencia para mejorar procesos internos.

Cliente
Persona que adquiere un producto o servicio y que espera una atención satisfactoria.

CRM *(customer relationship management)*
Herramienta o estrategia para gestionar las relaciones e interacciones con el cliente.

Canal
Medio utilizado para interactuar con el cliente (teléfono, correo, chat, redes sociales, etc.).

CRS
Software que permite a los hoteles gestionar sus reservas, inventario y tarifas en tiempo real, distribuyendo esta información a través de diferentes canales de venta.

Check-in
Registro de llegada a un vuelo, hotel u otro servicio donde se confirma la presencia y se obtienen los documentos necesarios para acceder al servicio.

Check-out
Proceso de abandonar el alojamiento, entregar las llaves y pagar cualquier cargo pendiente.

Decálogo en atención al cliente
10 principios fundamentales que sirven para orientar a los profesionales sobre cómo ofrecer un servicio de calidad a los clientes.

Disponibilidad de habitaciones
Número de habitaciones no reservadas que están abiertas para la venta durante un rango de fechas específico para un determinado tipo de habitación.

Empatía
Habilidad para ponerse en el lugar del cliente y comprender sus emociones y necesidades.

Escucha activa
Técnica de comunicación que implica prestar atención total a lo que dice el cliente.

Experiencia del cliente (CX)

Conjunto de percepciones que el cliente tiene durante su interacción con la empresa.

Feedback

Retroalimentación, ya sea de clientes o supervisores, sobre el servicio recibido o prestado.

First call resolution (FCR)

Resolución de la consulta del cliente en el primer contacto, sin necesidad de seguimiento.

Fidelización de clientes

Estrategia que genera relaciones duraderas, aumenta la rentabilidad y fortalece la reputación de la marca, como los programas de puntos, tarjetas, descuentos, etc.

Gestión de quejas

Proceso sistemático para recibir, analizar y resolver reclamaciones de clientes de manera efectiva.

Gestión de equipos

Implica la asignación de tareas, la comunicación efectiva, la resolución de problemas y la toma de decisiones, con el objetivo de maximizar el rendimiento y la productividad del equipo.

Habilidades sociales

Conjunto de estrategias y capacidades que permiten a las personas interactuar de manera efectiva y adecuada con los demás, tanto en situaciones sociales como en relaciones interpersonales.

Indicador de satisfacción (CSAT)

Métrica que mide la satisfacción del cliente tras una interacción o servicio.

Justificación

Explicación que se ofrece al cliente ante errores o inconvenientes.

Know-how

Conocimiento especializado que permite brindar un mejor servicio al cliente.

KPI (key performance indicators)

Indicadores clave para medir la efectividad del servicio al cliente.

Lealtad del cliente

Compromiso del cliente con una marca gracias a una atención de calidad.

Llamada de seguimiento
Contacto posterior a una consulta o venta para verificar la satisfacción del cliente.

Manejo de conflictos
Habilidad para resolver desacuerdos o problemas con los clientes de forma positiva.

Multicanal
Disponibilidad de atención a través de diferentes canales (teléfono, redes sociales, chat, etc.).

Management
Gestión o administración. Proceso que permite que la empresa se adapte a los cambios en la organización.

Necesidades del cliente
Expectativas o requerimientos que el servicio debe satisfacer.

Nivel de satisfacción
Medida del grado en que el cliente se siente complacido con el servicio.

Objetividad
Tratar al cliente con imparcialidad, sin prejuicios ni favoritismos.

Orientación al cliente
Filosofía empresarial centrada en comprender y satisfacer al cliente.

Overbooking
En los hoteles, significa que se venden más habitaciones de las que tienen disponibles. Esta práctica se hace en previsión de cancelaciones o no presentaciones.

Proactividad
Disposición de anticiparse a las necesidades o problemas del cliente antes de que se presenten.

Personalización
Acción de adaptar el servicio a las características específicas de cada cliente.

Posventa
Conjunto de acciones realizadas después de una compra para garantizar la satisfacción del cliente.

Queja
Expresión de insatisfacción por parte del cliente ante un producto o servicio.

Quick response (QR)
Tecnología que facilita la interacción rápida entre cliente y empresa.

Resolución
Solución efectiva a un problema o requerimiento del cliente.

Revenue management
Práctica de maximizar los ingresos de una empresa mediante la gestión estratégica de precios, la segmentación de clientes y la optimización de la distribución de productos o servicios.

Rack
Panel o casillero en el que están representadas todas las habitaciones del hotel y que sirve para controlar permanentemente el estado de las mismas.

Room service
Servicio que brindan los hoteles en el cual ofrecen alimentos, bebidas y múltiples productos que llevan directamente a la puerta de la habitación de los huéspedes que los solicitan.

Servicio posventa
Atención que se ofrece después de la compra, clave para fidelizar al cliente.

Satisfacción del cliente
Percepción positiva del cliente tras una experiencia de atención.

Tiempo de respuesta
Lapso entre la consulta del cliente y la atención recibida.

Tono de voz
Forma en que se transmite el mensaje al cliente; influye en su percepción del servicio.

Upselling
Estrategia para ofrecer al cliente una versión mejorada o más costosa del producto o servicio.

Usuario
Persona que utiliza un servicio o producto, a veces diferente del comprador.

Valor añadido
Beneficio adicional que se ofrece al cliente para mejorar su experiencia.

Ventaja competitiva

Ventaja o característica que una compañía tiene respecto a otras compañías competidoras, que la hace diferente y le permite atraer a más consumidores para mejorar la empresa.

Webchat

Canal de atención que permite comunicarse en tiempo real desde la página web.

Workflow (flujo de trabajo)

Proceso estructurado para atender al cliente de manera eficiente.

Yield management

Estrategia para maximizar ingresos ajustando los precios según la demanda, muy usada en servicios como la hotelería y las aerolíneas.

Zona de confort del cliente

Espacio emocional donde el cliente se siente seguro gracias a un servicio predecible y confiable.

Bibliografía

Textos

→ DE CARRASCO Fernández, S.: *Guía práctica de atención al cliente*. Madrid: Editorial Paraninfo, 2018.

> Este libro es una herramienta útil orientada a la práctica, ideal para quienes buscan aplicar directamente técnicas y estrategias de atención al cliente. Incluye ejemplos, casos y recursos prácticos que facilitan su aplicación en entornos reales.

→ DE FRANCISCO Caro, A.: *Comunicación y atención al cliente en hostelería y turismo*. Sevilla: Ediciones Rodio, 2018.

> Esta obra se centra en un sector específico, lo cual es muy valioso, dado que la atención al cliente en hostelería y turismo tiene particularidades propias. La inclusión de aspectos comunicativos en ese contexto lo convierte en un recurso especializado y relevante para estudiantes o profesionales del sector.

→ PONS Freixas, C.: *Comunicación no verbal*. Barcelona: Editorial Kairós, 2017.

> Este libro complementa muy bien los anteriores, al centrarse en una dimensión frecuentemente subestimada pero esencial de la comunicación: el lenguaje corporal. Editorial Kairós es conocida por publicaciones que combinan psicología y comunicación, por lo que este texto puede aportar profundidad teórica y reflexiva al tema.

→ VILLANUEVA López, R.: *Comunicación y atención al cliente en hostelería y turismo*. Antequera: IC Editorial, 2022.

> Al ser una obra más reciente y de una editorial especializada en formación profesional, recoge enfoques actualizados y adaptados a las necesidades del mercado laboral actual. Refuerza el contenido del libro de Francisco Caro y puede servir como actualización o complemento.

Textos electrónicos

→ La comunicación en los restaurantes, clave para el negocio, de: <https://caternewsdigital.com/fundacion-restaurantes-sostenibles/la-comunicacion-en-los-restaurantes-clave-para-el-negocio/>.

Este artículo enfatiza que la comunicación, tanto interna como externa, es esencial para el éxito de un restaurante; no solo es un añadido, sino una obligación.

→ 15 estrategias para mejorar la atención al cliente en un restaurante, de: <https://hoturis.com/como-mejorar-la-atencion-al-cliente-en-un-restaurante-consejos-para-un-servicio-excepcional/>.

Este artículo ofrece consejos muy prácticos aplicables en sala: mejorar la atención no es solo cuestión de amabilidad, sino de cómo se comunica cada interacción, desde la palabra hasta el gesto y la adaptación al cliente real. Además, subraya la importancia del entrenamiento continuo del personal: no basta con contratar a personas simpáticas, sino que es necesario formarlas para lograr estándares de servicio consistentes y profesionales.